AM HERD

brände

KOCHEN MIT LIKÖREN UND EDELBRÄNDEN

Jürgen Schmücking
Andrea Knura

av BUCH

Vorwort	6
Einleitung	8
willmannkochen, Österreich	18
Gut Oberstockstall, Österreich	32
Naturhotel Grafenast, Österreich	48
Vreni Giger's Jägerhof, Schweiz	64
theiner's garten, Südtirol	82
Biohotel Panorama, Südtirol	83
noi, Österreich	100
Snooze, Österreich	114
Bezugsquellen	126
Rezepte von A–Z	127
Impressum	128

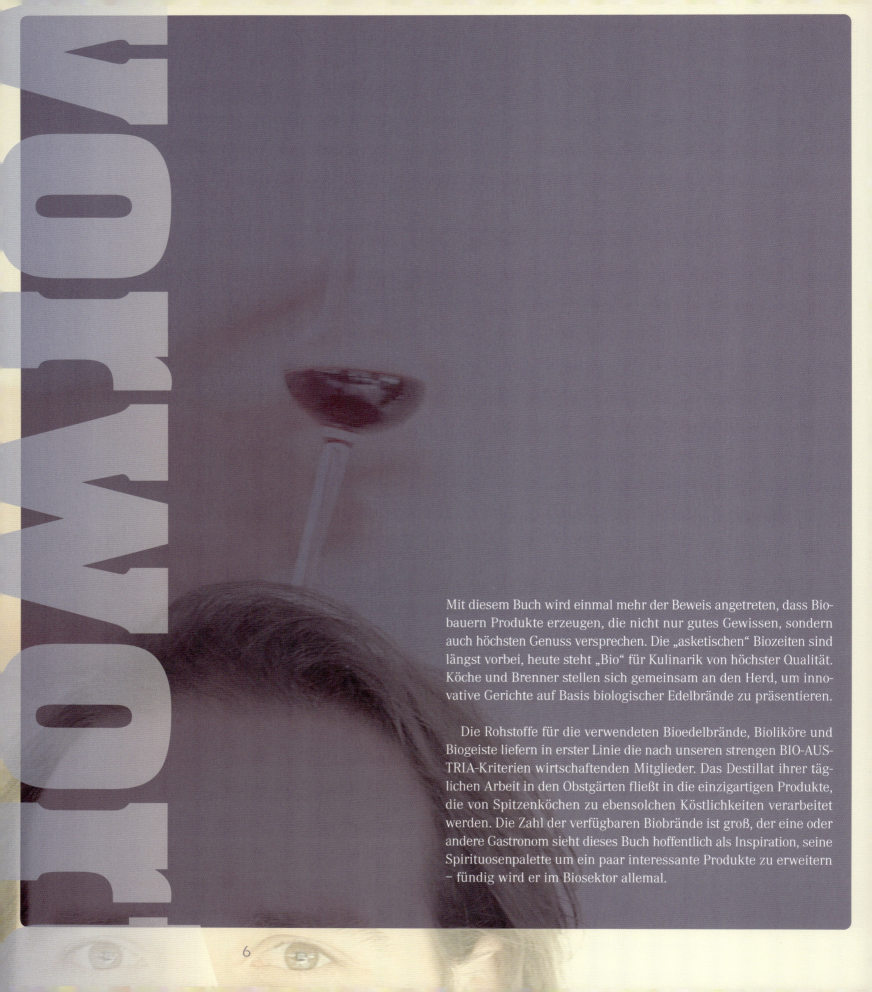

Mit diesem Buch wird einmal mehr der Beweis angetreten, dass Biobauern Produkte erzeugen, die nicht nur gutes Gewissen, sondern auch höchsten Genuss versprechen. Die „asketischen" Biozeiten sind längst vorbei, heute steht „Bio" für Kulinarik von höchster Qualität. Köche und Brenner stellen sich gemeinsam an den Herd, um innovative Gerichte auf Basis biologischer Edelbrände zu präsentieren.

Die Rohstoffe für die verwendeten Bioedelbrände, Bioliköre und Biogeiste liefern in erster Linie die nach unseren strengen BIO-AUSTRIA-Kriterien wirtschaftenden Mitglieder. Das Destillat ihrer täglichen Arbeit in den Obstgärten fließt in die einzigartigen Produkte, die von Spitzenköchen zu ebensolchen Köstlichkeiten verarbeitet werden. Die Zahl der verfügbaren Biobrände ist groß, der eine oder andere Gastronom sieht dieses Buch hoffentlich als Inspiration, seine Spirituosenpalette um ein paar interessante Produkte zu erweitern – fündig wird er im Biosektor allemal.

Man kann schmecken, dass BIO-AUSTRIA-Bauern den Schwerpunkt ihrer Arbeit nicht in der Ertragsmaximierung sehen, sondern ganzheitlich denken. Biolandwirtschaft bedeutet hohe Produktqualität mit guten Erträgen, das Schaffen lebenswerter Lebensräume, Klimaschutz durch Verringern von Treibhausgasen und Aufbau gesunder Böden ebenso wie Schutz des Trinkwassers und Fördern von Biodiversität, artgerechte Tierhaltung, Gentechnik-Freiheit, Sicherheit sowie Lebensmittel von gesunden Tieren und Pflanzen. Die Biobauern schauen aufs Ganze – das schmeckt man!

Auch was die Sicherheit in der Gastronomie anbelangt, ist BIO AUSTRIA für Klarheit – seit Januar 2009 darf auch hier nur noch als „Bio" ausgelobt werden, was auch biozertifiziert ist. Die in diesem Buch ausgewählten Köchinnen und Köche sowie deren Restaurants zeigen, dass mit biologischen Lebensmitteln zu kochen, Kochen auf höchstem Niveau bedeutet. Dass nicht weniger als fünf Gault-Millau-Hauben in dieser kleinen Auswahl zu finden sind, sehe ich nicht nur als Bestätigung für die gute Arbeit unserer Biobauern, sondern auch als einen Vertrauensbeweis von Spitzenköchen in die hohe Qualität der biobäuerlichen Lebens- und Genussmittel.

Ich wünsche Ihnen viel Spaß beim Schmökern und viel Genuss beim Ausprobieren der Rezepte mit köstlichen Bioprodukten.

Rudi Vierbauch, Obmann BIO AUSTRIA

BIO UND GENUSS –

Ein Paar am Prüfstand zwischen Brenn- und Suppenkessel

Sämtliche Brennerinnen und Brenner, die wir Ihnen in diesem Buch vorstellen, sind zertifizierte Biobetriebe. Auch in den Restaurants und Hotels, in denen wir die Gerichte zubereitet haben, genießen Bioprodukte einen hohen Stellenwert. Lassen Sie mich zunächst kurz die Hintergründe etwas erklären und gestatten Sie mir, die Lanze für die Biophilosophie zu brechen.

Der Trend zu Bio ist unumkehrbar. Die Präsenz biologisch erzeugter Produkte im Feinkosthandel (und nicht nur dort) steigt, namhafte Hersteller steigen auf Bioproduktion um und in immer mehr Restaurants der gehobenen Gastronomie sind Speisen und Getränke in Bioqualität zu finden.

Große, seriöse Marktforschungs- und Beratungsunternehmen sagen der Branche Wachstumsraten in zweistelliger Höhe voraus. Gleichzeitig werden aber auch die Stimmen der Skeptiker laut, die – in der Sprache und dem Geist des Boulevards – zum Teil berechtigte Kritik am Biolandbau und seinen Vertretern üben, und die Diskussion, die sich daraus ergibt, wird überaus emotional geführt. Das ist auch gut so, denn die Frage, was wir essen und trinken und wie wir uns diesen Dingen nähern, wie wir über sie denken und welchen Respekt wir ihnen entgegenbringen, kann nur emotional geführt werden. Es sind zentrale Fragen, die unsere Zukunft betreffen.

Lassen Sie mich mit ein paar Gedanken und Fakten zum Thema „Bio und Genuss" beginnen. Zugegeben, es war nie die Aufgabe der biologischen Landwirtschaft, Gourmetprodukte und Spezialitäten zu erzeugen. Die biologische Landwirtschaft wurde aus dem Gedanken der ressourcenschonenden Produktion agrarischer Grundprodukte entwickelt. Es entspricht allerdings dem Zeitgeist, dass jetzt auch immer mehr hochwertige Nahrungsmittel in Bioqualität erhältlich sind.

Ein gesellschaftlicher und deutlich wahrnehmbarer Trend ist das Bedürfnis nach natürlichen, regionalen, authentischen und handwerklich hergestellten Lebensmitteln mit hohem Genussfaktor. Bestätigt wird das zum Beispiel durch das steigende Interesse an Biomärkten, Biofesten oder Hofveranstaltungen der Direktvermarkter, den Erfolg der österreichischen Slow-Food-Bewegung oder die aktuelle Diskussion ums Thema Vielfalt und alte Rassen wie Mangalitza, Waldviertler Blondvieh oder auf der Seite der Pflanzen- und Getreidesorten des Tiroler Chrysant-Hanser-Roggen, des Lungauer Tauernroggen, des Wachauer Safran.

Das Genießen als Zugang zur Welt war – und ist es teilweise immer noch – in unserer (christlichen) Gesellschaft aber nicht ganz unproblematisch. Während es als erstrebenswert und ehrbar gilt, das Brot „im Schweiße des Angesichts" zu verdienen, sieht es mit dem Genießen schon ein wenig anders aus. Diesen Bonus haben wir verspielt, seit wir recht früh aus dem Paradies geflogen sind. Dabei ist Genuss etwas zutiefst Lebensbejahendes. Er wird nur immer wieder mit Völlerei gleichgesetzt und gerät so in Misskredit. Eine Verwechslung, die schon Epikur in Verruf brachte. Gerade beim Thema Alkohol – und hier speziell bei den Destillaten – ist also Verantwortung und Maßhalten aufs Engste mit Genuss verbunden.

Warum überhaupt Bio?

Bio verzichtet auf chemisch-synthetische Pflanzenschutzmittel
Biobauern verzichten konsequent auf den Einsatz von chemisch-synthetischen Pflanzenschutzmitteln. Der Anbau standortangepasster und widerstandsfähiger Sorten, ausgewogene Fruchtfolgen, der Einsatz von Nützlingen und eine mechanische Unkrautregulierung garantieren einen umweltverträglichen Pflanzenschutz im Biolandbau.

Bio fördert die Artenvielfalt
In der biologischen Landwirtschaft wird die Artenvielfalt aktiv gefördert. Ökologische Zusammenhänge werden erkannt und genutzt. Vielfältige Fruchtfolgen, schonende Bodenbearbeitung, aktive Förderung von Nützlingen sowie der Verzicht auf chemisch-synthetische Pflanzenschutzmittel sind nur einige wichtige Maßnahmen, die auf Bioäckern eine vielfältige Fauna und Flora garantieren.

Bio setzt auf Prozessqualität
Der Biolandbau garantiert hochwertige Produkte vom Feld bzw. Obstbaum bis auf den Teller oder ins Glas der Konsumenten. Biobauern streben eine sozial, ökologisch und ökonomisch nachhaltige Produktionsweise an. Dies ist daran zu erkennen, dass neben der Produktqualität auch sämtliche Nebenwirkungen des Produktionsprozesses auf die Umwelt und das soziale Umfeld berücksichtigt werden.

Bio ist nachhaltig
Der Biolandbau bietet langfristige Lösungen, um Ernährungssicherheit und ökologische Verträglichkeit seiner Produkte zu garantieren. Eine ganzheitliche Betrachtung von natürlichen Zusammenhängen ist die Voraussetzung, um Biolandbau zu betreiben. Auf die Förderung der Selbstregulationskräfte und der Gesundheit von Boden, Pflanze und Tier wird ein besonderes Augenmerk gelegt. Dadurch können auf lange Sicht ökologisch nachhaltige und sichere Erträge erzielt werden.

Bio macht satt
Im Gegensatz dazu bietet der Biolandbau vielfältige, sozial und ökologisch nachhaltige Lösungsmöglichkeiten für die Entwicklungsländer. Durch vielseitige Fruchtfolgen, geschlossene Betriebskreisläufe, Nutzung lokaler Ressourcen, Verbindung moderner Techniken mit traditionellem bäuerlichem Wissen, selbstbestimmte Organisation, freien Marktzugang und faire Preise wird die wirtschaftliche Position der Biobauern gestärkt und den Landwirten ein nachhaltiges und unabhängiges Überleben gesichert.

Bio bevorzugt standortangepasste Tier- und Pflanzenarten
In der biologischen Landwirtschaft werden standortangepasste Tier- und Pflanzenarten bevorzugt. Dadurch wird unter anderem eine hohe Widerstandskraft gegenüber klimatischen Verhältnissen und Krankheiten oder Schädlingen erzielt.

Bio ist sicher
Der Biolandbau ist sich seiner Verantwortung gegenüber Umwelt und Gesellschaft bewusst und garantiert durch eine Kombination neuer wissenschaftlicher Erkenntnisse mit lang bewährtem, traditionellem Wissen eine sichere und nachhaltige Form der Landwirtschaft, die auch die langfristige Ernährung der Bevölkerung gewährleisten kann.

Bio hat Zukunft
Die Gentechnologie ist mit so vielen Unsicherheiten verbunden, dass keine Versicherung das Risiko einer transgenen Verunreinigung und die damit verbundenen möglichen Schäden übernehmen möchte. Viele Supermarktketten haben bereits reagiert und gentechnisch veränderte Produkte aus ihren Regalen entfernt. Der Biolandbau lehnt die „Grüne Gentechnik" konsequent ab. Biobetriebe verfolgen in ihrem Wirtschaften neben ökonomischen auch ökologische, soziale und ethische Ziele und garantieren dadurch eine nachhaltige Landwirtschaft mit Zukunft.

Bio in reiner und konzentrierter Form – die Destillate

Um den Skeptikern und Zynikern gleich von vornherein den Wind aus den Segeln zu nehmen: Biobrände sind nicht gesünder als andere, man kann sich mit Biowilliams genauso betrinken wie mit dem „Willie" auf der Skihütte. Und die Frage, ob Biodestillate besser schmecken als konventionelle Brände bleibt eine Gratwanderung.

Allerdings können wir die Qualität eines Produkts nicht unabhängig von dessen Herstellungsverfahren beurteilen. „Gut" kann daher ein Produkt nur dann sein, wenn es neben seinen sensorisch wahrnehmbaren Qualitäten auch sauber und fair produziert wurde. Hinter jedem Biobrenner stehen viele Bioobst- und Biogetreidebauern, jedes Biodestillat steht für die konzentrierteste Form der Biolandwirtschaft.

Das Angebot ist mittlerweile vielfältig und deckt den gesamten Bereich der Destillate und Liköre ab. Namhafte Destillerien von Schottland bis Kentucky bieten Biowhisk(e)y an, Wodka, Gin und Ouzo gibt es ebenso wie traditionelle Obstbrände von Apfel bis Zwetschke. Und beim Likör sind der Fantasie ohnehin keine Grenzen gesetzt.

Überblickt man das Angebot an Biodestillaten wird schnell klar, dass es bereits um einiges größer ist als angenommen. Beim weltweit ersten Spirituosenwettbewerb „Best of BIO Spirits 2009", den die Biohotels im Herbst 2009 gemeinsam mit dem Autor durchgeführt haben, gab es knapp 270 Einreichungen. Um Übersichtlichkeit zu erlangen, teilen wir die Hersteller in vier Kategorien ein und zeigen damit auch die Möglichkeiten, die Brennern zur Verfügung stehen. Liköre und internationale Destillate wie Whisk(e)y, Wodka, Gin und Co. haben wir hier bewusst ausgelassen. Auf sie kommen wir bei den Gerichten zurück.

Biozertifizierte Verschlussbrenner oder gewerbliche Brennereien

Dabei handelt es sich um Brennereien, die über einen gültigen Kontrollvertrag mit einer Biokontrollstelle verfügen. Meist handelt es sich um Mischbetriebe, die auch noch konventionelle Produktionslinien erzeugen und deren Bioprodukte zertifiziert sind. Die bedeutendsten Hersteller in dieser Kategorie sind der Mostviertler Josef Farthofer aus Aschbach, die Obsthof Brennerei Retter am steirischen Pöllauberg, der Malznerhof der Familie Hochmair in Oberösterreich und die Destillerie Ollmann, ebenfalls aus Oberösterreich. Jeder dieser Hersteller hat seine eigene Spezialität oder steht für eine ganz bestimmte Obstsorte. Wir werden die Brenner und ihre Produkte bei den jeweiligen Kochsessions noch genauer vorstellen.

Zertifizierte Biowinzer

Bei Winzern ist es schon länger Tradition, ihre Produktpalette um Trebern- oder Weinbrände zu erweitern. Biowinzer machen da keine Ausnahme und daher ist es auch bürokratisch unaufwendig, aus den ohnehin schon zertifizierten Rohstoffen auch zertifizierte Brände herzustellen. Zu jenen, bei denen diese Brände besonders gut ausfallen, gehören das Weingut Michlits-Meinklang in Pamhagen mit seinem prämierten Eisweinbrand und dem sortenreinen Topaz-Apfelbrand oder Johannes Zillinger aus Velm-Götzendorf im Weinviertel. Eine „Best-of-BIO-Prämierung" gab es kürzlich auch für Günther Schönberger aus Mörbisch, der mit seinem Tresterbrand aus dem Jahrgang 1999 viele Kollegen aus Deutschland und Italien auf die Plätze verwies. Drei Wagramer Winzer möchte ich natürlich besonders hervorheben, nachdem wir mit ihren Bränden großartige Gerichte auf den Teller gezaubert haben: Daniela Vigne, die Partnerin von Toni Söllner, Fritz Salomon vom Gut Oberstockstall und Stephan Mehofer vom Neudeggerhof.

Konventionelle Betriebe, die Biorohstoffe verarbeiten

Hier sind vor allem Brenner am Werk, die in erster Linie konventionelles Material verarbeiten und vermarkten. Durch Zukauf und/oder Zufall wird ein (selten mehrere) Produkt aus zertifiziert biologischen Rohstoffen verarbeitet. Die Motivationen dahinter sind vielfältig und reichen von Qualität über Tradition bis hin zur Verfügbarkeit. Bekannteste Beispiele sind der Brand aus Bioheidelbeeren des oberösterreichischen Betriebs Schosser oder der Whisky aus Biogetreide von der Destillerie Weutz in der Steiermark. Und seit Kurzem gibt es auch einen Johannisbeerbrand in Bioqualität von Österreichs Grande Dame der Brennerszene Waltraud Jöbstl.

Zertifizierte Abfindungsbrenner und Direktvermarkter

Abfindungsbrenner sind meist bäuerliche Betriebe, die aufgrund eingeschränkter Vermarktungsrechte ihre Produkte ab Hof oder auf Märkten, also direkt vermarkten. Dabei handelt es sich in der Regel um Biobauern, die die Palette ihrer Grundprodukte um Schnäpse und Liköre erweitert haben. Fündig wird man hier vor allem, wenn man einen Blick in die Siegerlisten der Prämierungen von Messen wie „Ab Hof" in Wieselburg oder die Mostbarkeitenverkostung in Kärnten wirft. Immer wieder prämierte Produkte kommen vom Apfelspezialisten Walter Eckhart im Burgenland oder dem Wurzschusterhof in der Steiermark.

Gemeinsam ist allen ein Streben nach sauberem, nachhaltigem Wirtschaften und hoher Produktqualität. Lassen Sie sich von den Kochideen inspirieren, die im Dialog zwischen den Biobrennern, Bioköchen und uns entstanden sind.

Brand am Herd – Gaumenrausch

Edelbrände und Liköre geben Speisen ein besonderes Aroma. Sie ermöglichen es dem Koch, feine Nuancen auf den Gaumen zu bringen, die oftmals erst auf den zweiten Bissen zu erkennen sind. Das Spiel mit den Aromen lässt viele Facetten zu: von der Verstärkung des Eigengeschmacks einer Zutat, wenn beispielsweise Birne mit einem Birnendestillat und Kürbis mit einem Kürbisdestillat unterstützt wird, bis zum gekonnten Zelebrieren von Gegensätzen, die auch aus dem Bodenständigen entstehen können.

Wenn also der erdige Geschmack von Sellerie auf einen fruchtigen Zwetschkenbrand trifft, entfaltet sich am Gaumen eine wahre Explosion. Um einen besonderen Effekt, einen zarten Hauch zu erzielen, wie beispielsweise eine gewisse, mollige Schwere oder mediterrane Leichtigkeit, dann ist der gekonnte Einsatz von Destillaten das „Küchengeheimnis" vieler Köche.

Beim Kochen mit Destillaten gilt es jedoch gewisse Regeln zu beachten, damit das Aroma vollkommen zur Entfaltung gelangt und nicht einfach „verdampft". So darf bei warmen Speisen der Edelbrand erst kurz vor der Fertigstellung zum Einsatz kommen, um das flüchtige Aroma auch noch beim Genuss der Speise zu erkennen. Und in der Patisserie sind Brände mit besonders intensiven Aromen gefordert, denn schwere süße Massen erdrücken alles Leichte und Flüchtige.

Martina Willmann – die kulinarische Ich-AG

„willmannkochen" nennt die Wiener Profiköchin ihr kulinarisches Projekt. In einem Kochstudio in Wien-Leopoldstadt werden verschiedene Kochkurse für alle Alters- und Erfahrungsstufen angeboten. Von verspielten Kochkursen für Kinder und Jugendliche bis hin zur opulenten Krustentierkunde wird gemeinsam mit Martina Willmann filetiert, blanchiert, sautiert und gratiniert.

Das Studio ist funktionell und modern eingerichtet, der Raum, in dem die Gerichte nach der Kochsession verspeist werden, stilvoll ins Studio integriert. Neben klassischen Kochkursen bietet Martina Willmann aber auch Corporate Cooking, also „Kochen in Teams" an, um die Zusammenarbeit von Arbeitsgruppen zu stärken. Ein hochkarätiges Catering ist sowieso selbstverständlich.

Die Vita von Martina Willmann liest sich jedenfalls wie das Who's who der heimischen Top-Gastroszene: „Korso", „Novelli", „Schwarzes Kameel", „Do&Co". Und immer wenn Willmann am Herd gewerkt hat, gab es Hauben fürs Lokal: zwei fürs „Novelli", zwei fürs „Kameel".

Josef V. Farthofer – der Mostbaron

In der Bioszene ist Josef Farthofer kein Unbekannter. Die Edelbrände, Geiste und Liköre der Destillerie sind medaillenverwöhnt und von Gastronomen und privaten Genießern hochgeschätzt. Der Betrieb befindet sich in Aschbach, im Herzen des Mostviertels und im Moment entsteht in Öhling bei Amstetten in einem alten Kellerhaus Österreichs erste Mostelleria. Mit diesem ambitionierten Projekt verwirklicht sich Josef Farthofer seinen Traum von einem Mostgenuss- und Mosterlebniszentrum.

Das Produktsortiment umfasst vor allem Edelbrände aus regionalen Apfel- und Birnensorten wie Bohnapfel oder Speckbirne. Beides sind rustikale, erdige und sehr aromatische Brände, die durch Kraft und Klarheit überzeugen. Im Programm ist auch ein Biobierbrand, der in Kooperation mit der „Kapsreiter Brauerei" entsteht und das hervorragende „Kapsreiter Stadtbräu" verarbeitet.

Neben klassischen und regionalen Bränden bietet „der Mostbaron" auch Gin und Wodka an. Für ersteren gab es 2009 sogar eine „Best-of-BIO-Prämierung" für den besten Biogin der Welt.

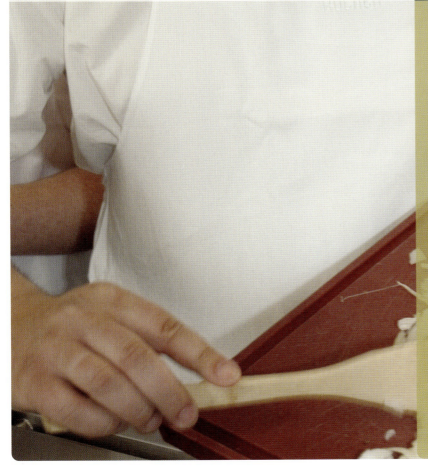

Ronald Höllwarth, Destillerie Ollmann – der Erfinder

Im nördlichen Mühlviertel, genauer gesagt in Bad Leonfelden, finden wir die Destillerie der Familie Höllwarth. Ursprünglich war der Betrieb eine Imkerei, mittlerweile wird auch gebrannt und zwar auf enorm hohem Niveau und immer noch mit deutlichem Bezug zum Honig.

Die Höllwarths sind umtriebige und erfinderische Geister. Aus oder mit dem Honig aus eigener Produktion machen sie neben Met auch im Barrique gereiften Honigbrand (dem die Fassreifung unglaublich guttut) und den Likör „Bärenfang" auf Honigbrandbasis, in dessen Rezeptur auch Waldhonig und Orangen zu finden sind. Ein ausgewogenes Produkt und ein phänomenaler Begleiter für viele Desserts ist. Zum Beispiel zu den Schoko- und Eierlikör-Pralinen – das ist Verführung pur (siehe Seite 31).

Für die Kochsession bei „willmannkochen" haben wir eine weitere Innovation aus dem Hause Ollmann verarbeitet: den Vanillegeist. Dem Teig für den Birnenschmarrn gibt er eine kräftige Textur und ein ganz feines Aroma nach Bourbonvanille. Selbst Martina Willmann erkannte „ihren Birnenschmarrn" kaum wieder (siehe Seite 27).

Zartrosa gebratene Rehmedaillons mit Wacholdersoße und Schupfnudeln

Zutaten für 4 Portionen

600 g Rehmedaillons
Salz und Pfeffer aus der Mühle
2 EL Butter zum Braten
1 Rosmarinzweig

Wacholdersoße
1 gehackte Zwiebel
2 gehackte Knoblauchzehen
1 Rosmarinzweig
2 EL Butter
1 EL Wacholderbeeren
40 ml Gin
1 Schuss trockener Rotwein
3 EL Bratensaft
250 ml Schlagobers (süße Sahne, Süßrahm)
Salz, Pfeffer
Stärkemehl zum Binden

Schupfnudeln
500 g geschälte, mehlige Kartoffeln
1 mittelgroßes Ei
150 g Maisgrieß
150 g glattes Weizenmehl
1 EL Butter
Salz

Zubereitungszeit: 1 Stunde
Schwierigkeitsgrad: mittel

Zubereitung

Für die Wacholdersoße Zwiebel, Knoblauch und Rosmarinnadeln anschwitzen. Wacholderbeeren zufügen und mit Gin sowie Rotwein ablöschen. Bratensaft und Schlagobers dazugeben, aufkochen und bei geringer Hitze ca. 5 Minuten köcheln lassen. Mit Salz und Pfeffer würzen und mithilfe eines Stabmixers pürieren. Etwas Stärkemehl mit kaltem Wasser glatt rühren, langsam unter ständigem Rühren in die Soße gießen, bis die gewünschte Konsistenz erreicht ist. Danach durch ein feines Sieb streichen.

Für die Schupfnudeln die Kartoffeln in Stücke schneiden, weich kochen und durch eine Kartoffelpresse drücken. Alle anderen Zutaten in die Kartoffelmasse mischen und einen festen Teig kneten. Danach eine Rolle formen, kleine gleich große Stücke abschneiden, auf einer mit Mehl bestaubten Arbeitsfläche zu Schupfnudeln formen. In kochendes Wasser legen und bei kleiner Flamme etwa 8 Minuten ziehen lassen. Wenn sie aufsteigen, sind sie fertig.

Das Rehrückenfilet in Medaillons schneiden, leicht klopfen und mit Salz und Pfeffer würzen. In einer Pfanne mit Butter und etwas Rosmarin zartrosa braten.

SCHMÜCKINGS KOSTPROBE
Wild liebt Wacholder. Erprobtes sollte man beibehalten. In diesem Fall mit einem tiefgründigen und ausdrucksstarken Wacholderbrand.

Rahmschmarrn mit glacierten Birnen

Zutaten für 4 Portionen

Rahmschmarrn
500 g Sauerrahm
4 mittelgroße Eier
200 g Weizenmehl
Mark einer Vanilleschote
20 ml Vanillegeist (nach Geschmack auch etwas mehr)
Schale einer halben Biozitrone
60 g Feinkristallzucker
1 Prise Salz
Butter, gemahlener Feinkristallzucker zum Abschmecken

Glacierte Birnen
500 g ungeschälte Birnen
250 ml trockener Weißwein
3 EL Feinkristallzucker
3 EL Butter
40–60 ml Williams-Birnenschnaps

Zubereitungszeit: 30 Minuten
Schwierigkeitsgrad: mittel

Zubereitung

Für den Schmarrn Eier trennen. Sauerrahm, Eidotter (Eigelb), Mehl, Vanillemark sowie Vanillegeist und Zitronenschale verrühren. Eiklar (Eiweiß) und Kristallzucker mit Salz zu Schnee schlagen und unter die Sauerrahmmasse heben.

In einer beschichteten Pfanne etwas Butter erhitzen, den Teig eingießen, kurz anbacken und im vorgeheizten Backofen bei 200 °C ca. 15 Minuten backen. Anschließend herausnehmen, in Stücke zerteilen und fertig backen. Etwas Butterflocken beigeben und mit Zimt und Kristallzucker abschmecken.

Die Birnen in Spalten schneiden und das Kerngehäuse entfernen. In einer Pfanne Weißwein, Kristallzucker und Butter aufkochen. Die Birnenspalten in dieser Soße auf den Punkt garen. Mit Birnenschnaps abschmecken und mit dem Rahmschmarrn servieren.

SCHMÜCKINGS KOSTPROBE
Der Teig für den Schmarrn mit Vanillegeist aromatisiert, die glacierten Birnen mit Williams abgelöscht – keine weiteren Fragen. Ein Aromenfeuerwerk, das sich sehen lassen kann.

Mostello-Parfait mit Erdbeersalat

Zutaten für 6-8 Portionen

Mostello-Parfait
6 mittelgroße Eidotter (Eigelb)
3 EL Staubzucker
8 g Vanillezucker
abgeriebene Schale einer Biozitrone
500 g Mascarpone
125 ml naturtrüber Apfelsaft
125 ml Mostello
300 g Biskotten (Löffelbiskuits)

Erdbeersalat
300 g Erdbeeren
100 g Staubzucker
60 ml Erdbeersirup
etwas Erdbeerlikör

Zubereitungszeit: 30 Minuten
plus mindestens 4 Stunden tiefkühlen
Schwierigkeitsgrad: mittel

Zubereitung

Für das Parfait Eidotter mit dem Staub- und Vanillezucker schaumig rühren. Zitronenschale und Mascarpone unterrühren.

Apfelsaft und Mostello miteinander vermischen und Biskotten darin gut tränken.

Eine Form mit Frischhaltefolie auslegen und abwechselnd eine Schicht Creme und Biskotten einfüllen. Anschließend die Masse mindestens 4 Stunden kalt stellen.

Für den Fruchtsalat Erdbeeren waschen, entstielen und blättrig schneiden. Mit Staubzucker, Sirup und etwas Likör abschmecken. Mostello-Halbgefrorenes mit dem Erdbeersalat servieren.

SCHMÜCKINGS KOSTPROBE
Das erste Rezept, in dem kein Destillat, sondern eine Art Portwein die Hauptrolle gibt. Der Mostello spielt auf zauberhafte Weise mit den Erdbeeren und dem Rest vom Fest. Ein rundum gelungener Versuch.

Hausgemachte Pralinen

Zutaten

Schokoladehohlkörper nach Belieben
Schokolade nach Belieben
Bioeier- oder Bioschokoladelikör
geriebene Pistazien oder Kakaopulver

Zubereitungszeit: 20 Minuten
Schwierigkeitsgrad: leicht

Zubereitung

Die Schokoladehohlkörper bis ca. 2 mm unter den Rand mit dem entsprechenden Likör füllen.

Anschließend Schokolade im Wasserbad (40 °C) unter ständigem Rühren schmelzen.

Die Pralinen mit der Schokolade verschließen. Das geht am besten, indem Sie die Schokolade in ein Stanitzel (Spritztüte) aus Backpapier gießen und die Praline damit füllen. Anschließend kalt stellen.

Danach etwas erweichte Schokolade auf eine Hand geben, die Pralinen kurz damit benetzen und in Pistazien oder Kakaopulver wälzen.

SCHMÜCKINGS KOSTPROBE
Ein Heimspiel für Schokolade- und Eierlikör. Beide Kombinationen mit Schokolade haben eine lange Geschichte und erfreuen Gaumen seit Generationen.

OBERSTOCKSTALL

Eva Salomon – die Grande Dame

Das Restaurant „Gut Oberstockstall" ist ein kulinarischer Fixstern am Wagramer Horizont. Es befindet sich im Innenhof des Gutes und bietet vermutlich eines der schönsten Ambiente in der gehobenen Gastronomie in Österreich. Die Gebäude stammen aus dem 14. Jahrhundert, seit Mitte des 19. Jahrhunderts ist es in Familienbesitz. Besonders hinreißend ist die kleine Kirche unmittelbar gegenüber dem Restaurant.

Verarbeitet werden zum Großteil gutseigene Produkte und Tiere aus biologischer Landwirtschaft. Das Restaurant selbst ist biozertifiziert, wobei Eva Salomon nichts Missionarisches an sich hat und davon überzeugt ist, dass „Bio" nicht in jedem Fall der Stein der Weisen bedeutet. Dazu verweist sie gern auf bestimmte regionale Fische und Produkte der Jagd. Sehr wohl biologisch sind selbstverständlich die Weine von Fritz Salomon, die im Restaurant angeboten werden. Treffsicher wählt Matthias Salomon, der Sommelier des Hauses, aus dem varitablen Sortiment seines Bruders die passende Begleitung für das Menü.

Die Menüs sind komplex, aber trotzdem nicht ohne Bodenhaftung. Regionalität auf höchstem Niveau eben – und immer wieder haubenprämiert.

Daniela Vigne – die Querdenkerin

Ladies first! Gemeinsam mit Toni Söllner bewirtschaftet Daniela Vigne in Gösing am Wagram 15 Hektar Weingärten, 1 Hektar Obstanlagen und ziemlich viel Wald- und Ackerflächen. Bekannt ist das Weingut für geradlinige, elegante Weißweine, unter anderem für den Roten Veltliner. Zusammen mit anderen Winzern der Region wurde dieser Wein gerade in der „Slow Food Foundation for Biodiversity" als schützenswerte Nutzpflanze eingereicht. Das Duo Vigne und Söllner ist maßgeblich an dieser Initiative beteiligt.

Die Brände und ungezuckerten Fruchtansätze entstehen im Nebengebäude des Weinkellers. Obwohl nur ein kleiner Kupferkessel mit einem Volumen von etwa 80 Litern zur Verfügung steht, werden hier ausgesprochen feine, sortentypische Edelbrände erzeugt. Vor allem der „Alte-Zwetschke"-Brand beeindruckt durch Understatement und noble Holzaromen. Die Fruchtansätze werden – gegen den Mehrheitsgeschmack – völlig ohne Zugabe von Zucker angeboten, was sie zu außergewöhnlichen, aber authentischen Begleitern macht.

Fritz Salomon – der Gutsherr

Fritz stammt aus einer der traditionsreichsten Winzerfamilien Österreichs und gilt als Ausnahmetalent in der hiesigen Bioweinszene. Am „Gut Oberstockstall", nördlich von Kirchberg am Wagram, erntet Fritz Salomon neben Wein auch Birnen und Marillen. Im Stall stehen Waldviertler Blondvieh-Tiere, am Hof laufen Sulmtaler Hühner herum. „Oberstockstall" ist ein idyllisches und kulinarisches Gesamtkunstwerk, zu dem neben der Landwirtschaft, die von Fritz Salomon geführt wird, auch das Haubenlokal und die kleine Kirche gehören.

Seine Brände spiegeln den gleichen Stil wider wie seine Weine. Schnörkellos, geradlinig, sauber und hochgradig typisch für die jeweilige Frucht. Vor allem der Marillenbrand ist es, der Nase und Gaumen frohlocken lässt: reife, saftige Noten nach dunklen Marillen, die sich im Glas in Form von Rösternoten wiederfinden – sehr mollig, sehr gut.

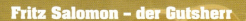

GUT OBERSTOCKSTALL

Stephan Mehofer – der Tüftler

Stephan wird gern als „nachdenklicher Tüftler" bezeichnet. Beides stimmt irgendwie. Jedenfalls ist er nicht laut und poltert durch die Szene. Und wenn die Weine vom „Neudeggerhof" das Ergebnis seines Tüftelns sind, darf er von mir aus ruhig weitertüfteln. Vom frischen und fruchtbetonten Jungwein bis zum komplexeren Lagenwein der Rieden Riesmein und Wadenthal reicht die Palette und zeigt keine Schwächen.

Das Angebot an Bränden ist ebenso vielfältig. Jenseits der Klassiker Marille und Williams, die beide recht klar und fruchtig ausfallen, gibt es auch Destillate rund um den Wein: einen würzigen Brand vom Eisweintrester sowie einen gelungenen Weinbrand.

Fruchtig marinierter Ziegenfrischkäse

Zutaten für 4 Portionen

800 g Ziegenfrischkäse
40 ml Quittenbrand
40 ml Marillenbrand
Salzbiskuit oder Toastbrot
3 Marillen
marinierte Rosinen

Zubereitungszeit: 15 Minuten plus 4 Tage für das Marinieren des Käses
Schwierigkeitsgrad: leicht

Zubereitung

Dieses Gericht ist einfach, braucht jedoch etwas Zeit, um den vollgeistigen Geschmack zu bekommen. Ziegenfrischkäse in 8 gleich große Stücke teilen (rund ausstechen) und 4 Stücke davon ein paar Tage in Marillen-, die anderen 4 in Quittenbrand marinieren. Marille und Quitte sind fruchtig sowie erdig im Geschmack und damit für den Gaumen ein angenehmer Kontrast.

Die marinierten Ziegenkäsestücke auf salziges Biskuit, Tramezzini- oder Toastbrot (runde Scheiben ausstechen) legen. Mit Marillenstückchen belegen und ein paar Tropfen der bereits verwendeten Edelbrände nach Geschmack darüberträufeln, Butterflocken daraufgeben und im vorgeheizten Backofen bei 200 °C Oberhitze kurz gratinieren.

Zu dem warmen Ziegenkäse passen sehr gut Rosinen, die ebenfalls für ein paar Stunden in den Destillaten eingelegt waren.

Pikant-süße Beigaben wie Chutneys und Salzblüten harmonieren mit dem Ziegenfrischkäse ausgezeichnet.

SCHMÜCKINGS KOSTPROBE
Beide Brände waren eine Überraschung. Leichte Präferenz für die Quitte. Erdig und rustikal wie der Ziegenkäse.

GUT OBERSTOCKSTALL

Gnocchi mit Steinpilzen und Sprossenkohlblättern

Zutaten für 4 Portionen

Gnocchi
400 g geschälte, mehlige Kartoffeln
2 Eidotter (Eigelb)
15 g zimmerwarme Butter
120 g glattes Weizenmehl
geriebene Muskatnuss

Steinpilze
2 mittelgroße Steinpilze
1 kleine Zwiebel
15 g zimmerwarme Butter
100 ml Birnenbrand
100 ml Schlagobers (süße Sahne, Süßrahm)
Salz, Pfeffer
ca. 15 Sprossenkohlblätter

Zubereitungszeit: 40 Minuten
Schwierigkeitsgrad: mittel

Zubereitung

Kartoffeln würfeln und in Salzwasser ca. 20 Minuten weich kochen. Abseihen, kurz ausdämpfen lassen und durch die Kartoffelpresse drücken. Mit dem Eidotter und 15 g weicher Butter verkneten und anschließend auskühlen lassen. Dann Mehl, Salz, Pfeffer sowie Muskatnuss unter die Masse kneten.

Aus dem Teig rasch Stränge von ca. 1 cm Durchmesser formen. Diese in Gnocchi schneiden und in Salzwasser einmal vorsichtig aufkochen lassen und mithilfe einer Schaumkelle herausheben.

Kohlblätter blanchieren und abschrecken. Steinpilze in dünne Scheiben, Zwiebel feinwürfelig schneiden. Zwiebel in der restlichen Butter anlaufen lassen, Pilze dazugeben und kurz durchschwenken. Mit Birnenbrand ablöschen, mit geschlagenem Obers verfeinern und mit Salz sowie Pfeffer abschmecken.

Sprossenkohlblätter und Gnocchi dazugeben. Durchschwenken und bei Bedarf nochmals mit Salz und Pfeffer abschmecken.

SCHMÜCKINGS KOSTPROBE
Der Birnenbrand verleiht dem doch recht erdigen Gericht einen Hauch von Frische.

Flugentenbrust auf Weichselrahm mit Brioche-Serviettenknödeln

Zutaten für 4 Portionen

4 Entenbrüste
Öl zum Anbraten

Brioche-Serviettenknödel
400 g entrindete Briochewürfel
300 ml Milch
1/4 in kleine Würfel geschnittene Zwiebel
frische, gehackte Petersilienblätter
115 g zimmerwarme Butter
4 Eidotter (Eigelb)
4 Eiklar (Eiweiß)
Salz, geriebene Muskatnuss

Weichselrahm
etwas glattes Weizenmehl zum Stauben
etwas Weichselbrand
Suppe oder Entenfond
Feinkristallzucker
Salz, Pfeffer
frische, gehackte Thymianblätter
30 g kalte Butter
50 ml Schlagobers (süße Sahne, Süßrahm)
50 g Weichseln (Sauerkirschen) aus dem Glas

Zubereitungszeit: 1 Stunde
Schwierigkeitsgrad: mittel

SCHMÜCKINGS KOSTPROBE
Die Sauerkirscharomen des Fruchtansatzes verleihen den Brioche-Serviettenknödeln eine feine Marzipannote.

Zubereitung

Für die Knödel Briochewürfel in Milch einweichen. Die in etwas Butter angeschwitzten Zwiebelwürfel und die Petersilie dazugeben. Restliche Butter mit Salz, Muskatnuss sowie Eidotter schaumig schlagen. Eiklar mit einer Prise Salz zu Schnee schlagen. Briochewürfel unter die schaumige Buttermasse rühren, Schnee unterheben.

Die Masse in Frischhaltefolie zu Stangen formen und die Enden zudrehen. Die Knödelstangen nun rund 30 Minuten in Salzwasser köcheln lassen. Dann herausheben und die Enden (ca. 1 cm) wegschneiden, damit die „Knödelwurst" offen ist und die Masse luftig bleibt.

Mit einem scharfen Messer die Fetthaut der Entenbruststücke alle 1–2 cm einschneiden, salzen und zuerst auf der Hautseite knusprig braten. Umdrehen und auf der anderen Seite ebenfalls kurz anbraten. Flugentenbrüste wieder auf die Hautseite drehen und im vorgeheizten Backofen bei 190 °C ca. 7 Minuten auf Sicht rosa braten. Fleisch herausnehmen und auf einem warmen Teller mit der Hautseite nach oben rasten lassen.

Für den Weichselrahm das Fett aus der Pfanne abgießen, mit etwas Mehl stauben und mit einem Schuss Weichselbrand ablöschen. Mit Suppe oder Entenfond aufgießen, mit Kristallzucker, Salz, Pfeffer sowie Thymian würzen und mit kalter Butter und geschlagenem Obers der Soße eine cremige Konsistenz geben. Erwärmte Weichseln und etwas Weichselbrand beigeben.

Flugentenbrust in Scheiben schneiden, auf Weichselrahm anrichten und mit den Brioche-Serviettenknödeln servieren.

Flaumiges Topfen-Pfirsich-Omelette

Zutaten für 4 Portionen

2 Pfirsiche
40–60 g Feinkristallzucker
120 ml trockener Weißwein
20 ml Pfirsichbrand
4 mittelgroße Eier
1 Vanilleschote
1/2 Biozitrone
350 g Magertopfen (Magerquark)
100 g Crème fraîche
45 g Stärkemehl
40 ml Pfirsichbrand

Butterschmalz zum Herausbacken
Staubzucker zum Bestreuen

Zubereitungszeit: 30 Minuten plus mindestens 6 Stunden zum Marinieren der Pfirsiche
Schwierigkeitsgrad: mittel

Zubereitung

Pfirsiche schälen, in Spalten schneiden und in einer Marinade aus etwas Kristallzucker (ca. 1 EL, hängt von der Süße der Pfirsiche ab), Weißwein und etwas Pfirsichbrand einige Stunden ziehen lassen.

Eier trennen. Vanilleschote aufschneiden und das Mark auskratzen, Zitronenschale dünn abreiben. Topfen, Crème fraîche, Stärkemehl, Eidotter (Eigelb), restlichen Kristallzucker und Vanillemark in einer Schüssel vermischen. Restlichen Pfirsichbrand und Zitronenschale unterrühren. Eiklar cremig aufschlagen (nicht zu fest) und unter die Topfenmasse ziehen.

In einer großen Pfanne Butterschmalz erwärmen. Omelettenmasse in die Pfanne geben und die Hälfte des Omelettes mit Pfirsichspalten belegen. Im vorgeheizten Backofen bei 200 °C für 7–10 Minuten backen. Immer wieder die Konsistenz kontrollieren, denn das Omelette sollte zwar durch, aber noch cremig und nicht trocken sein. Die nicht belegte Omelettehälfte nun über die mit Pfirsich belegte Hälfte schlagen. In kleine Portionen teilen und nach Geschmack mit Staubzucker bestreuen.

Tipp
Die Pfirsiche können auch extra kurz gedünstet werden und erst auf das fertige Omelette gegeben werden. So verhindert man ein Ankleben der Masse.

SCHMÜCKINGS KOSTPROBE
Gleich und gleich gesellt sich gern – Brand und Dessert tanzen förmlich miteinander.

GRAFENAST

Harry Biechl – der wilde Tiroler

Am Pillberg in Tirol, hoch oben auf etwa 1300 Metern Seehöhe und mit einem atemberaubenden Blick aufs Inntal liegt das Naturhotel Grafenast der Familie Unterlechner.

Zurzeit wird der Familienbetrieb von Peter Unterlechner in der vierten Generation geführt. Grafenast ist ein Ort, an dem Geschichte spürbar wird, an dem jedoch auch vieles wegweisend in die Zukunft zeigt. Beispiele dafür sind Jazz- oder Avantgardekonzerte und Mittelaltermenüs oder etwa die gut erhaltene und liebevoll gepflegte alte Stube, an deren alten Wänden immer wieder Werke zeitgenössischer Künstler hängen.

In der Küche (wie auch im Weinkeller und an der Bar) kennt Peter Unterlechner keine Kompromisse. Für ihn und Küchenchef Harry Biechl ist der ausnahmslose Umgang mit Bioprodukten das Fundament ihrer Arbeit – und die Gäste wissen diese Klarheit zu schätzen. Die Gäste schätzen auch das kulinarische Handwerk Harry Biechls. Mit sicherer Hand verwöhnt er die Hotelgäste mit modern interpretierten Gerichten der traditionellen Tiroler Küche und sorgt für Biogenuss vom Feinsten.

NATURHOTEL GRAFENAST

Destillerie Dwersteg – die innovativen Traditionalisten

Das Familienunternehmen aus dem deutschen Münsterland hat eine lange Tradition. Über 100 Jahre, um es ein wenig deutlicher zu sagen. Mittlerweile wird die Destillerie vom Familienzweig der Terietes geführt – mit Monika Teriete in der Produktion, dem quirligen Marcel im Marketing und Ludger an der Spitze des Unternehmens. „Bio" ist selbstverständlich, weil Ludger Teriete von der höheren Qualität überzeugt ist, fairer Handel ein weiteres Kriterium.

Im Spirituosenbereich bietet „Dwersteg" zwei Produktlinien an: Zum einen die klassischen biologischen Liköre auf Cremebasis. Dazu gehören ein geschmacklich sensationeller „Eier-Liqueur", aber auch diverse andere Sorten, wie "Café-", "Amaretto-" oder „Orangen-Liqueur". Bleiben wir kurz beim „Eier-Liqueur". Die Rezeptur ist zwar streng geheim, die geübte Nase identifiziert aber sehr eindeutig hochwertiges Eidotter (Eigelb), Kirscharomen und einen Hauch Vanille. Die Konsistenz des Likörs ist butterweich und cremig, der Geschmack traditionell wie nach „Omas Rezept".

Zum anderen runden die klassischen Destillate „Weinbrand XO" und „Weizenkorn" das Sortiment eigener Produkte ab. Die Liköre sind allesamt hocharomatisch, nicht zu süß (ein generelles Qualitätskriterium für Liköre) und haben auch eine weiche, harmonische Textur.

Beim „Best of BIO Spirits Award" der Biohotels hat die „Destillerie Dwersteg" ganz groß abgeräumt. Nachdem sowohl der „Eier-Liqueur" als auch der „Amaretto-Liqueur" mit Gold ausgezeichnet wurden, bekamen auch die beiden Importprodukte Wodka und Ouzo ihre Goldmedaillen.

Womit wir auch schon beim zweiten Standbein der „Destillerie Dwersteg" sind – den Importspirituosen. Als eines der ersten Unternehmen in der Branche haben sich die Terietes um biologische Basisdestillate umgesehen und sind in jeder erforderlichen Kategorie fündig geworden. Im Angebot finden sich ein hervorragender schottischer Blended Whisky sowie jeweils ein fassgereifter wie auch ein klarer Rum, Wodka und Gin. Der bereits erwähnte Ouzo ist eine geschmackliche Sensation, der die bekannten Marken Griechenlands ziemlich alt aussehen lässt. Kristallklare Anisnoten, begleitet von grünem Fenchel – mit diesem Produkt mussten wir einfach kochen.

Tomatenconsommé mit Gin

Zutaten für 4 Portionen

500 g gemischtes Wurzelgemüse
750 ml fertiger Gemüsefond
(z. B. Karotten, Sellerie, Lauch,
speckige Kartoffel)
2–3 mittelgroße Eiklar (Eiweiß)
2–4 EL Tomatenmark (je nach Geschmack)
Gin nach Geschmack
Salz, Pfeffer, geriebene Muskatnuss
eventuell blanchierte Tomatenwürfel

Zubereitungszeit: 1 1/2 Stunden
Schwierigkeitsgrad: leicht

Zubereitung

Gemüsefond erwärmen. Wurzelgemüse fein hacken und mit dem Eiklar in den lauwarmen Gemüsefond einrühren. Unter Rühren langsam erhitzen und etwa 1 Stunde leicht ziehen lassen, damit sich das Aroma des Gemüses entfalten kann.

Gemüsesuppe mit Tomatenmark anreichern und mit Salz, Pfeffer und Muskatnuss würzen.

Suppe kurz aufkochen lassen und durch ein Etamin (Leintuch) abseihen. Etamin vor der Verwendung in lauwarmes Wasser tauchen und gut auswringen; zum Durchseihen der Suppe über ein feinmaschiges Küchensieb legen.

Anschließend mit dem Gin nach Geschmack verfeinern (Empfehlung: 1 EL pro Portion). Eventuell nach Belieben einige klein geschnittene Würfel von überbrühten, abgezogenen Tomaten in die Suppe geben.

SCHMÜCKINGS KOSTPROBE
Gin und Tomate – eine traditionelle Kombination für den „Tag danach". Wurde doch in den USA ursprünglich wohl Gin statt Wodka für den Cocktail „Bloody Mary" verwendet.

Ouzo-Risotto

Zutaten für 4 Portionen

1 EL Olivenöl
1 EL Butterschmalz
1 gehackte Zwiebel
1 gehackte Knoblauchzehe
300 g italienischer Langkornreis (Arborio, Vialone oder Carnaroli)
200 ml trockener Weißwein
1 Msp. Safranpulver
550 ml Hühnerbrühe
300 ml Ouzo
Salz, Pfeffer
100 g geriebener Parmesan
2 EL Butter

1 EL fein geschnittener Schnittlauch
1 EL frische, gehackte Petersilienblätter

Zubereitungszeit: 30 Minuten
Schwierigkeitsgrad: einfach

Zubereitung

Olivenöl und Butterschmalz in einem Kochtopf erwärmen. Zwiebel und Knoblauch darin etwas dämpfen. Reis beigeben und alles gut vermengen.

Mit dem Wein ablöschen und die Safranpulver dazugeben. Die Hühnerbrühe mit 200 ml Ouzo vermischen und nach und nach schöpflöffelweise hinzufügen, immer wieder einkochen lassen und mit einem Kochlöffel sanft rühren. Nach 18–20 Minuten hat der Risotto die richtige breiartige Konsistenz.

Den Kochtopf vom Feuer nehmen, mit dem restlichen Ouzo, Salz sowie Pfeffer abschmecken, Parmesan und Butter zufügen und alles miteinander vermengen.

Den Topf zudecken und 3 Minuten ruhen lassen. In einer vorgewärmten, tiefen Schüssel anrichten und mit Schnittlauch sowie Petersilie bestreuen.

SCHMÜCKINGS KOSTPROBE

Eine auf den ersten Blick gewagte Kombination. Aber: Kein anderes Destillat gibt dem mediterranen Risotto diesen Frischekick von Sternanis und Fenchel wie der Ouzo.

Fischfilet in der Whiskykruste auf Mangold

Zutaten für 4 Portionen

4 festfleischige Fischfilets à ca. 100–120 g
(z. B. Saibling)

Whiskykruste
200 g Butter
2 mittelgroße Eidotter (Eigelb)
2–3 EL Semmelbrösel (Paniermehl)
Salz, Pfeffer
1 Bund frische, fein gehackte Kräuter der Saison (Petersilie, Dille, Estragon, Kerbel)
8 EL Whisky
2 mittelgroße Eiklar (Eiweiß)

Gemüse
250 g frischer Blattmangold
1 kleine Zwiebel
1 EL Butter
1 gepresste Knoblauchzehe
Salz, Pfeffer, geriebene Muskatnuss
200 ml Schlagobers (süße Sahne, Süßrahm)

Zubereitungszeit: 30 Minuten
Schwierigkeitsgrad: mittel

Zubereitung

Für die Kruste bzw. Farce Butter und Eidotter schaumig rühren. Brösel, Salz, Pfeffer, Kräuter und Whisky dazugeben und langsam zu einer cremigen Masse rühren. Eiklar aufschlagen und unterrühren.

Backblech mit Butter einfetten und Fischfilets auf das Blech legen. Diese müssen nicht zusätzlich gewürzt werden, da die Kruste sehr würzig ist. Die Farce dick auf die Fischfilets auftragen (eventuell mithilfe eines Spritzsacks) und im vorgeheizten Backofen bei etwa 200 °C 12–15 Minuten garen bzw. überbacken.

Für die Gemüsebeilage den Mangold in kleine Streifen schneiden und kurz blanchieren. Zwiebel schälen, klein schneiden und in der Butter kurz glasig anlaufen lassen. Klein geschnittenen Mangold beigeben, mit Knoblauch, Salz, Pfeffer sowie geriebener Muskatnuss würzen und mit dem Obers kurz einreduzieren.

SCHMÜCKINGS KOSTPROBE
Die salzig-rauchigen Aromen des Whiskys kommen in dieser Kruste perfekt zur Geltung.

Mascarponecreme mit flambierten Himbeeren

Zutaten für ca. 7 Portionen

Mascarponecreme
250 ml Naturjoghurt
200 g Mascarpone
geriebene Schale einer Biozitrone
8 g Vanillezucker
80 g Feinkristallzucker
5 Blatt Gelatine
1 EL Rum
250 ml Schlagobers (süße Sahne, Süßrahm)

Flambierte Himbeeren
350 g frische Himbeeren
200 ml Shochu (alternativ Ingwer- oder Limonengeist)

Zubereitungszeit: 30 Minuten
plus 2 Stunden zum Marinieren
und Stocken der Creme
Schwierigkeitsgrad: mittel

Zubereitung

Frische Himbeeren etwa 2 Stunden im Shochu marinieren.

Joghurt mit Mascarpone, Zitronenschale, Vanillezucker und Kristallzucker gut verrühren. Die Gelatine in kaltem Wasser einweichen, im erwärmten Rum auflösen und unter die Masse rühren.

Obers aufschlagen, unter die Joghurtmasse heben und 2 Stunden im Kühlschrank stocken lassen.

Zur besonderen Geschmacksverstärkung werden die Himbeeren flambiert serviert. Dazu die Himbeeren nochmals in der Pfanne mit Shochu tränken, erwärmen, anzünden und servieren. Ein wahres Geschmacksfeuerwerk!

Die marinierten Himbeeren können je nach Belieben separat in einem Glas serviert oder auch auf die Creme gegeben werden.

SCHMÜCKINGS KOSTPROBE
Shochu ist ein japanisches Süßkartoffeldestillat. Die intensiven, barocken Aromen harmonieren auf außergewöhnliche Weise mit den frischen Himbeeren.

schweiz.

VRENI GIGER's

Vreni Giger – Haubenköchin mit Bodenhaftung

Wenn wir uns schon entschließen, einen Schweizer Spitzenbrenner mit ins Boot zu holen, liegt es auch nahe, eine Schweizer Spitzenköchin um ihre Mithilfe zu bitten. Dass dabei die Wahl auf Vreni Giger in St. Gallen fallen wird, war eigentlich von Anfang an klar. Aktuelle 17 Gault-Millau-Punkte bedeuten drei Hauben und sind für ein zertifiziertes Biorestaurant eine echte Sensation.

Der Kochstil von Vreni Giger ist komplex, aber leicht und bekömmlich. Im „Jägerhof" werden wenig Rahm und Butter verwendet, dafür verschiedene erstklassige und hochwertige Olivenöle. Die Kunst der Küche besteht darin, mit einfachen Zutaten fantastische Gerichte zu kreieren, sowohl beim Mittagsteller als auch beim ausgiebigen und mehrgängigen Gourmetmenü.

Nicht minder phänomenal ist die Weinkarte. Wir haben die Positionen nicht gezählt, aber es sind knapp 80 Seiten und sie liest sich wie die Crème de la Crème der Schweizer und der internationalen Weinwelt. Schön, dass die Weine von Fritz Salomon („Gut Oberstockstall") auch dabei sind.

Ach ja – Kochkurse gibt es im „Jägerhof" auch. Vom Fisch- und Krustentierworkshop bis zum Wildkräuterseminar wird für ambitionierte Hobbyköche alles geboten.

VRENI GIGER'S JÄGERHOF

Lorenz Humbel – Kirschbrenner aus Leidenschaft

„Kirschbrenner aus Leidenschaft" ist sogar auf dem Logo der Destillerie zu lesen. Zu Recht, wenn man sich die Kirschbrände von Lorenz Humbel genauer ansieht. Aber mehr dazu später, erst einmal die Facts. Das Stammhaus des Betriebs steht in Stetten in der Schweiz, etwa 30 Kilometer westlich von Zürich. Die Aktivitäten der Spezialitätenbrennerei Humbel sind vielfältig. Bereits in dritter Generation wird aus eigenen und zugekauften Schweizer Früchten eine große Anzahl klassischer und innovativer Obstdestillate gebrannt. Seit 1995 destilliert der Betrieb Obst auch nach den Richtlinien des Schweizer Bioverbandes „Bio Suisse Knospe". Darüber hinaus handelt Lorenz Humbel mit einer breiten Palette von Bio- und Fair-Trade-Spirituosen.

Bleiben wir aber vorerst bei der Kernkompetenz des Stettner Brenners, der Kirsche. Fasziniert durch die Lektüre des Buches „Die Kirschensorten der deutschen Schweiz" machte sich Lorenz Humbel daran, den Geschmack der darin beschriebenen Vielfalt Hunderter unterschiedlicher Sorten zu ergründen. Daraus entstand eine einzigartige Kollektion sortenreiner Kirschbrände und eben sein Bekenntnis: „Lorenz Humbel – Kirschbrenner aus Leidenschaft".

Mein persönlicher Favorit unter den Kirschdestillaten ist die „Brenzer Kirsch", mit der Nummer 22. Das Destillat hat ein enorm ausgeprägtes Aroma, das an Volumen und Dichte kaum zu überbieten ist. Deutliche Marzipan- und Bittermandelnoten bilden die Basisnote, dazu gesellen sich aber schnell leichte Anklänge von dunkler Schokolade, Kardamom und Zimtnelken. Ein rundherum harmonischer Brand, der übrigens auch Passagier auf der Slow-Food-Arche des Geschmacks ist. Eine „Best of BIO-Auszeichnung" gab es allerdings für einen anderen Brand: den „Bio-Kirsch", eine klassische Schweizer Kirsch-Cuvée mit einem zarten Steinton und einer leicht erdigen Note.

Mit der Lancierung von Biodestillaten und Fair-Trade-Spirituosen wurden weitere neue Wege beschritten und Märkte eröffnet. Das Spirituosensortiment ist umfangreich und reicht von Cognac, der in drei verschiedenen Reifegraden verfügbar ist, über Rum und Whisky bis hin zum südfranzösischen Pastis des Traditionshauses Janot, der aus wilden Kräutern und Gewürzen gemacht wird und ein krönender Abschluss festlicher Tafeln darstellt.

Original Schweizer Käsefondue (Fondue moitié-moitié)

Zutaten

800 g geraffelter Käse (je zur Hälfte Gruyère und Vacherin)
80 ml Humbel-Kirsch (40 %)
200 ml trockener Weißwein
30 g glattes Weizenmehl
Pfeffer, geriebene Muskatnuss, Knoblauch
in Würfel geschnittenes Schwarz- oder Weißbrot
Humbel-Kirsch zum Binden und Tränken

Zubereitungszeit: 20 Minuten
Schwierigkeitsgrad: leicht

Zubereitung

Den Fonduetopf (Caquelon) mit der geschälten, ganzen Knoblauchzehe gut ausreiben. Käse, gepresster Knoblauch, Weißwein und 60 ml Kirschwasser in den Topf geben, erst dann das Caquelon auf das Feuer stellen und bei ständigem Umrühren erwärmen. Mehl und das restliche Kirschwasser vermischen und in die Masse einrühren. Abschließend noch nach Geschmack mit Pfeffer und Muskatnuss würzen.

Über einem Rechaud (Wärmequelle) wird der Topf nun serviert. Dazu wird in Würfel geschnittenes Schwarzbrot oder Weißbrot gereicht. Ganz wichtig: Die Brotwürfel zuerst in Kirschwasser tunken und erst dann im Käsefondue drehen.

Tipps

Am Anfang möglichst wenig Flüssigkeit verwenden. Ist das Fondue zu dick, kann nach und nach Kirschwasser, Weißwein oder Wasser beigegeben werden. Wenn sich das Fondue scheidet oder ölig wird, nochmals erhitzen, gut rühren und etwas Flüssigkeit beigeben.

Wesentlich für den Geschmack ist neben dem Kirschbrand der verwendete Käse bzw. die verwendete Käsemischung. In der Schweiz üblich ist unter anderem „moitié-moitié" (halb-halb), also je zur Hälfte Vacherin und Gruyère (Greyerzer). Für kräftigere Fondues werden Mischungen mit Greyerzer, Appenzeller und Emmentaler verwendet.

Dieses Rezept stammt von Denise Ernst-Schmutz, „Fribourger Fonduestübli" (Zürich).

VRENI GIGER'S JÄGERHOF

Gebratener Egli auf Fenchel-Zitronen-Gemüse mit Cachaça

Zutaten für 4 Portionen

8 ganze Egli (Flussbarsche)
2 Fenchelknollen
2 EL Butter
1 Biozitrone
Salz, Pfeffer, Feinkristallzucker
Butterschmalz
100 ml Weißwein
Cachaça nach Geschmack

Zubereitungszeit: 15 Minuten
Schwierigkeitsgrad: leicht

Zubereitung

Fenchelknollen halbieren, in feine Scheiben schneiden und in einer Pfanne in wenig Butter kurz andünsten.

Zitrone mit der Schale in feine Scheiben schneiden, zu den Fenchelscheiben geben und gemeinsam dünsten. Mit Salz, Pfeffer und Kristallzucker abschmecken, mit Weißwein ablöschen und alles weich dünsten.

Die Egli leicht von beiden Seiten einschneiden, salzen und in Butterschmalz braten. Das Fenchelgemüse kurz vor dem Anrichten mit Cachaça ablöschen.

Gemüse auf Tellern anrichten und den Fisch darauf servieren.

SCHMÜCKINGS KOSTPROBE
Ein Experiment, allerdings ein gelungenes. Die exotische Frische des Cachaça spielt hier mit der herben Frische des Zitronengemüses. Ein schönes Spiel, meinen wir.
Cachaça, die Nationalspirituose Brasiliens, wird aus dem Saft des Zuckerrohrs in Anlehnung an eine jahrhundertealte Tradition gebrannt (siehe auch Seite 117).

Gorgonzolaravioli und pikante Birnen

Zutaten für 4 Portionen

Ravioliteig
125 g Weizenmehl
1 mittelgroßes Ei
2 mittelgroße Eidotter (Eigelb)
2 EL Olivenöl

Füllung
100 g Mascarpone
100 g Gorgonzola
eventuell Pfeffer aus der Mühle

Pikante Birnen
2 Birnen
1 Zwiebel
1 EL Butter
Salz, Pfeffer, Feinkristallzucker
100 ml Weißwein
Williamsbrand nach Geschmack

Zubereitungszeit: 50 Minuten
Schwierigkeitsgrad: mittel

Zubereitung

Für den Ravioliteig Mehl in eine Schüssel geben und in der Mitte eine Mulde formen. Ei, Dotter und Olivenöl in die Mulde geben und mit einer Gabel vorsichtig vermischen. Wenn das Mehl mit dem Ei vermischt ist, alles auf eine bemehlte Arbeitsfläche geben und kräftig kneten, bis sich der Teig geschmeidig anfühlt. Dann auf einen Teller legen, abdecken und ca. 30 Minuten ruhen lassen.

Für die Fülle den Gorgonzola mit dem Mascarpone glatt rühren und eventuell mit Pfeffer nachwürzen.

Den Nudelteig dünn ausrollen, in zwei Hälften teilen und in regelmäßigen Abständen mit einem Spritzsack die Füllung auf den Teig dressieren. Mit der zweiten Teigbahn zudecken und Ravioli ausstechen. Ränder mit den Gabelzinken festdrücken. In Salzwasser al dente kochen.

Für die pikanten Birnen die Früchte schälen, halbieren, entkernen und in feine Spalten schneiden. Zwiebel fein hacken und in Butter glasig andünsten, Birnen zugeben und mitdünsten. Mit Salz und Pfeffer würzen, etwas Kristallzucker glasieren und mit Weißwein ablöschen. Die Birnen weich dünsten. Kurz bevor sie fertig sind, den Williamsbrand zugießen.

Ravioli zu den Birnen geben, darin schwenken und anrichten.

SCHMÜCKINGS KOSTPROBE
Die Kombination von Birne und Käse kennen wir bereits von diversen Käsetellern. Aber auch in der Kombination Käse und Destillat kann man sich auf diese Paarung verlassen.

Gebratener Rehrücken an Wacholderrahm auf Steinpilzen

Zutaten für 4 Portionen

Gebratener Rehrücken
600 g Rehrückenfilet
Salz, Pfeffer
Butterschmalz

Wacholderrahm
1 TL Wacholderbeeren
1 EL Butter
100 ml Weißwein
100 ml Wildjus
100 ml Schlagobers (süße Sahne, Süßrahm)
Salz, Pfeffer, Feinkristallzucker
Gin nach Geschmack

Steinpilze
200 g Steinpilze
Butter
1 Zwiebel
1 Knoblauchzehe
Salz, Pfeffer

Zubereitungszeit: 20 Minuten
Schwierigkeitsgrad: mittel

SCHMÜCKINGS KOSTPROBE
Herbst, Wald und Unterholz. Zu Wild und Pilzen gehört nun einmal ein Wacholderdestillat. Der hohe Wacholderanteil im „White-Socks-Gin" bietet also gute Voraussetzungen.

Zubereitung

Das Rehrückenfilet mit Salz und Pfeffer würzen und in heißem Butterschmalz gut anbraten. Anschließend im Ofen bei ca. 5 °C etwa 10 Minuten rasten lassen. Das Fett aus der Bratpfanne leeren, den Bratensatz jedoch aufbewahren und die Pfanne nicht waschen.

Die Wacholderbeeren im Mörser zerdrücken und mit der Butter im Bratensatz der Pfanne andünsten. Mit Weißwein ablöschen, leicht einreduzieren und mit der Wildjus aufgießen. Nochmals leicht einreduzieren und dann das Schlagobers zugießen. Den Rahm mit Salz, Pfeffer und Kristallzucker abschmecken und je nach Geschmack den Gin hinzufügen.

Die Steinpilze in Scheiben schneiden und in Butter anbraten. Die Zwiebel fein hacken, zu den Pilzen geben und den Knoblauch dazupressen. Wenn die Pilze eine schöne Farbe haben, mit Salz und Pfeffer würzen.

Pilze auf den Tellern verteilen. Fleisch tranchieren und mit dem Wacholderrahm überziehen.

Wissenswert

Gin erhält seinen charakteristischen Geschmack aus der Aromatisierung mit Gewürzen, darunter vor allem Koriander und Wacholderbeeren. Der Name leitet sich indirekt vom botanischen Terminus des Wacholders Juniperus ab, wobei manchmal die sogenannten „juniper berries" als Namensgeber angeführt werden, meist aber das niederländische Getränk Genever.

Weitere Bestandteile wechseln von Hersteller zu Hersteller, beispielsweise Ingwer, Muskatnuss, Orangenschalen oder Paradiesapfelkerne. Insgesamt kommen bei der Ginherstellung etwa 120 verschiedene Zutaten als Aromen und Wirkstoffe zum Einsatz.

SCHMÜCKINGS KOSTPROBE
Der Eierlikör harmoniert mit der Schokolade vortrefflich. Durch seine Kirsch- und Vanilleanklänge rundet er die Mehlspeise auf interessante Weise ab.

Schoggischnitte mit Eierlikör und Eierlikör eis

Zutaten für eine Form (20 x 35 cm)

Schoggischnitte 1. Schicht
30 g Karamellkuvertüre
200 g Pralinémasse
90 g Knusperflocken

Schoggischnitte 2. Schicht
5 mittelgroße Eier
150 g Feinkristallzucker
75 g Weizenmehl
75 g Maisstärke
50 g braune Butter
Eierlikör (für den Guss)

Schoggischnitte 3. Schicht
75 g Feinkristallzucker
45 g Glukose (Traubenzucker)
125 g Schlagobers (süße Sahne, Süßrahm)
125 g Eierlikör
1 Prise Salz
250 g Kuvertüre (Kakaogehalt 64 %)

Schoggischnitte 4. Schicht
75 g Feinkristallzucker
45 g Glukose (Traubenzucker)
125 g Schlagobers (süße Sahne, Süßrahm)
125 g Eierlikör
1 Prise Salz
250 g Milchkuvertüre

Eierlikör eis
1 l Kaffeeobers (Kaffeesahne)
1 l Milch
250 g Eidotter (Eigelb)
300 g Feinkristallzucker
200 ml Eierlikör

Zubereitungszeit: 1 Stunde
Schwierigkeitsgrad: mittel

Zubereitung

Für die erste Schicht Karamellkuvertüre mit der Pralinémasse bei niedriger Temperatur langsam schmelzen und verrühren. Die Knusperflocken in die Schokolademasse geben und unterrühren. Eine Form mit Alufolie auslegen und den Knusperboden in die Form drücken.

Für die zweite Schicht Eier mit dem Kristallzucker im Wasserbad warm schlagen, bis zum „Band". Das heißt, dass die Masse sehr cremig und dickflüssig sein muss. Anschließend die Masse kalt schlagen; das geht am besten auf Eis. Mehl und Maisstärke vorsichtig unter die Masse heben. Butter leicht bräunen und ebenfalls unter die Masse ziehen. Auf ein mit Backpapier ausgelegtes Backblech streichen und im vorgeheizten Backofen bei 160 °C backen. Das Biskuit in Form schneiden, sodass es den ersten Boden abdeckt. Mit etwas Eierlikör je nach Geschmack begießen.

Für die dritte Schicht den Kristallzucker mit der Glukose karamellisieren. Mit Schlagobers und Eierlikör ablöschen. Salz zugeben und durch Rühren alles auflösen. Die Kuvertüre in der Masse glatt rühren, auf das Biskuit gießen und auskühlen lassen.

Für die vierte Schicht die Arbeitsschritte von Schicht 3 mit Milchkuvertüre wiederholen und auf die erkaltete dunkle Masse gießen.

Für das Eis das Kaffeeobers mit der Milch aufkochen. Eidotter mit Kristallzucker glatt schlagen und dann die Milchmischung zur Eimasse gießen. Vorsichtig alles zur Rose kochen. Das heißt, die Flüssigkeit bis auf 82 °C erhitzen (Thermometer verwenden), sodass das Eidotter bindet. Wer keine Eismaschine besitzt, stellt die Creme ins Gefrierfach und rührt alle 20 Minuten kräftig durch. Die Creme wird dicklich und zeigt beim Durchrühren Formen, die an Rosenblüten erinnern. In eine Schüssel gießen und erkalten lassen. Den Eierlikör zufügen und alles in einer Eismaschine einfrieren.

Tipp

Es ist ganz wichtig, dass Sie für die Schoggischnitte zuerst die dunkle und dann die helle Schicht anfertigen, damit Sie beim Schneiden nicht mit dem Messer von der dunklen in die helle schneiden. Das sieht nicht gut aus.

THEINER'S GARTEN
BIO-VITALHOTEL

84

Ingo Theiner – der Aufsteiger

Auf dem Weg von Bozen nach Meran kommt man unweigerlich an Gargazon vorbei. Das Bio-Vitalhotel „theiner's garten" ist nicht zu übersehen, da es sich unmittelbar vor der Ortseinfahrt befindet. Das Hotel wird als Familienbetrieb geführt, zu dem auch die „Biohofbrennerei Bergerhof" gehört, in der Ingo Theiner, der Sommelier des Hotels, als Brennmeister werkt.

Der biologische Grundgedanke wird auch konsequent in Küche und Keller weitergeführt. Für die Zubereitung der Speisen werden ausschließlich biologische Lebensmittel – teils sogar aus der eigenen Landwirtschaft – verwendet. Der Tag im Hotel beginnt für die Gäste mit einem reichhaltigen Frühstücksbuffet, mittags wartet man mit einem kleinen Imbiss auf und am Abend wird ein fünfgängiges Gourmet-Vitalmenü aus der alpenländisch-mediterranen Küche serviert. Obst aus eigenem Anbau steht ganztags zur freien Entnahme zur Verfügung. Der Weinkeller bietet eine große Auswahl aus Südtirols, Italiens und internationalen Bioweinen.

Die Destillate sind feinfruchtig, sauber und klar und spiegeln in vorzüglicher Weise Boden und Klima Südtirols wider. Beim „Best of BIO Spirits Award" der Biohotels wurde der Williams-Christbrand als bestes Birnendestillat ausgezeichnet.

Friedl Steiner – der brennende Wirt

Ebenfalls in Südtirol, genauer gesagt in Mals befindet sich das „Biohotel Panorama" der Familie Steiner. Der unvergleichliche Panoramablick in das Vinschgau bis zum Ortlermassiv und die gemütliche Atmosphäre gehören ebenso dazu wie die hauseigene Biolandwirtschaft. Die Küche ist vom Feinsten: Ausgesuchtes, aber auch fast Vergessenes aus der Tiroler Küche.

Friedl Steiner ist dabei der Kulinariker im Team. Er ist Wirt, Koch und Schnapsbrenner in einer Person und spielt alle drei Rollen mit Bravour und Leidenschaft. Ein besonderes Erlebnis sind die Brenntage des „Steiner-Bio-Edelbrands". Friedl Steiner informiert über die Kunst des Schnapsbrennens beim monatlichen Maischen und Brennen, das in der hauseigenen Bio-Schnapsbrennerei stattfindet. Inhaltlich spannt sich der Bogen von der Beschreibung der Früchte über die Maischebereitung und das Gärverfahren bis hin zur Destillation.

Nur die auserlesensten Produkte aus der hauseigenen Landwirtschaft und der Vinschgauer Biobauern werden zum Brennen verwendet. Das Angebot an Biodestillaten ist groß und reicht im Edelbrandbereich von verschiedenen Südtiroler Apfelsorten hin zum sortenreinen Grappa aus Lagreintrestern. Bei den Likören überzeugt vor allem der Rosenmuskateller-Likör als Rarität.

Schaumsuppe von der Sellerieknolle mit Aroma vom Zwetschkendestillat, Carpaccio vom Rehrücken und Walnusskrokant

Zutaten für 4 Portionen

Carpaccio
100 g Rehrücken

Walnusskrokant
50 g brauner Zucker
40 g Butter
50 g ausgelöste Walnüsse

Schaumsuppe
2 Schalotten
350 g Pastinake oder Sellerieknolle
500 ml Geflügelbrühe
150 ml trockener Weißwein
Saft einer halben Biozitrone
Meersalz
40 ml Zwetschkendestillat
150 g geschlagenes Obers
(Süßrahm, süße Sahne)

hochwertiges Olivenöl zum Beträufeln

Zubereitungszeit:
Rehrücken 2 Stunden tiefkühlen;
Suppe 20 Minuten
Schwierigkeitsgrad: leicht

Zubereitung

Den Rehrücken auslösen und von den Sehnen befreien, straff in Frischhaltefolie einwickeln und mindestens 2 Stunden einfrieren. Dann mit der Aufschnittmaschine in hauchdünne Scheiben (Carpaccio) schneiden.

Für den Walnusskrokant braunen Zucker mit ein wenig Butter karamellisieren. Die Walnüsse zum Karamell geben und auf einem geölten Blech auskühlen lassen. In der Küchenmaschine die Walnüsse fein mixen, wieder auf das Blech streichen und nochmals im Ofen schmelzen. Herausnehmen und auskühlen lassen.

Für die Suppe die Schalotten in feine Streifen schneiden, Pastinaken würfeln, zugeben und miteinander in der Butter anschwitzen, mit Weißwein ablöschen, einreduzieren und mit Geflügelbrühe aufgießen. Sobald die Pastinaken weich gekocht sind, die Suppe mixen und mit Zitronensaft, Meersalz, Zwetschkendestillat und geschlagenem Obers verfeinern.

Die Suppe in tiefe Teller geben, mit dem Rehrückencarpaccio belegen, mit hochwertigem Olivenöl beträufeln und mit dem Walnusskrokant garniert servieren.

SCHMÜCKINGS KOSTPROBE
Zwetschke und Sellerie liegen aromatisch weit auseinander. Umso erstaunlicher war das Erlebnis dieser extravaganten Kombination.

Kürbisnocken mit Saiblingsfilet in Kräutern gebraten, an Speckschaum mit grünen Bohnen und Oliven

Zutaten für 4 Portionen

Kürbisnocken
300 g mehlige Kartoffeln
200 g Hokkaidokürbis
150 g Ricotta
150 g glattes Weizenmehl
40 g geriebener Parmesan
4 mittelgroße Eidotter (Eigelb)
40 ml Kürbisdestillat
Salz, Pfeffer, geriebene Muskatnuss

Saiblingsfilets
4 Saiblingsfilets à 100–120 g
2 Rosmarinzweige
2 Thymianzweige
6 Salbeiblätter
1 EL Olivenöl zum Braten

Grüne Bohnen
80 g geputzte, grüne Bohnen
1 EL schwarze Oliven
Salz, Pfeffer

Speckschaum
250 ml Milch
150 g Speckabschnitte
1 EL Lecithin (im Bioladen oder Reformhaus erhältlich)

Zubereitungszeit: 50 Minuten
Schwierigkeitsgrad: mittel

Zubereitung

Für die Nocken das Kürbisfleisch und die Kartoffeln schälen, in ca. 2 x 2 cm große Würfel schneiden und in Salzwasser weich kochen. Abseihen und etwas dämpfen lassen. Kürbis- und Kartoffelwürfel durch das Passiergerät (zum Beispiel Kartoffelpresse) pressen und auskühlen lassen. Eidotter, Ricotta, Mehl, Parmesan, Kürbisdestillat und Gewürze (Salz, Pfeffer, Muskatnuss) unter die Kürbis-Kartoffel-Masse kneten. Aus dem Teig kleine Kugeln formen (Ø etwa 2 cm) und über eine Gabel rollen. Die Kürbisnocken in kochendem Salzwasser einmal aufkochen lassen und herausnehmen.

Die Saiblingsfilets von den Gräten am Bauchlappen befreien, auf der Fleischseite (innen) mit Salz und Pfeffer würzen und 2–3 Minuten auf der Außenseite mit Rosmarinzweigen, Thymianzweigen und Salbeiblättern in Olivenöl braten.

Die grünen Bohnen in Salzwasser kochen. Olivenöl in einer Kasserolle erhitzen, die grünen Bohnen und die schwarzen Oliven kurz durchschwenken und mit Salz sowie Pfeffer würzen.

Für den Speckschaum die Milch und die Speckabschnitte einmal aufkochen, 10 Minuten ziehen lassen und abseihen. Lecithin dazugeben und mit dem Stabmixer aufschäumen.

Saiblingsfilets auf dem Gemüse und den Kürbisnocken platzieren und mit dem Speckschaum überziehen.

SCHMÜCKINGS KOSTPROBE
In diesem Fall drängt sich das Kürbisdestillat des Hauses geradezu auf. Es verstärkt auf erstaunliche Weise das Kürbisaroma und gibt dem Gericht einen pikanten Akzent.

Geeistes Törtchen von der Bourbonvanille mit Gorgonzola in grünem Kräuter-Apfel-Tee mit Lavendel

Zutaten für 4 Portionen

Geeistes Törtchen
3 mittelgroße Eier
4 mittelgroße Eidotter (Eigelb)
150 g Feinkristallzucker
Mark von 2 Vanilleschoten
Saft einer Biozitrone
60 ml Pfirsichdestillat
150 g Gorgonzola
500 ml Schlagobers (süße Sahne, Süßrahm)
brauner Zucker zum Karamellisieren

Kräuter-Apfel-Tee
5 säuerliche Äpfel
120 g Feinkristallzucker
2 Bund Rucola
2 Bund Basilikum
20 ml Apfeldestillat

Lavendelblüten zum Garnieren

Zubereitungszeit: 30 Minuten
plus 5 Stunden tiefkühlen
Schwierigkeitsgrad: mittel

Zubereitung

Für die Törtchen Eier, Eidotter, Kristallzucker, Vanillemark, Zitronensaft und das Pfirsichdestillat über einem Wasserbad warm schlagen. Den Gorgonzola dazugeben, schmelzen und anschließend durch ein Sieb passieren.

Das geschlagene Obers unterheben. Die Masse in Förmchen füllen und mindestens 5 Stunden tiefkühlen.

Kurz vor dem Servieren die Törtchen mit braunem Zucker bestreuen und mit dem Bunsenbrenner oder bei starker Oberhitze abflämmen, bis der Zucker karamellisiert ist.

Für den Tee Äpfel schälen, vierteln und Kerngehäuse entfernen. In Stücke schneiden und mit dem Feinkristallzucker aufkochen. Rucola und Basilikum kurz in kochendem Wasser blanchieren und in Eiswasser abschrecken. Alles einmal durchmixen, mit Apfeldestillat abschmecken und auskühlen lassen.

Den Tee in tiefe Teller füllen und die geeisten Törtchen hineinsetzen. Mit Lavendelblüten garnieren und servieren.

SCHMÜCKINGS KOSTPROBE
Wow – ein derart vielschichtiges Dessert ist immer eine Herausforderung. Der Pfirsichbrand meistert diese Hürde mit Grandesse und sorgt für das „gewisse Etwas". Und der Kräuter-Apfel-Tee ist zudem eine hocherfreuliche Alternative zum Tee mit Rum. Apfel pur – wärmend von zwei Seiten.

Holunder-Tagliarini mit gebratener Kalbsleber an Birnenschaum

Zutaten für 4 Portionen

Holunder-Tagliarini
200 g glattes Weizenmehl
100 g Hartweizengrieß
2 mittelgroße Eier
50 ml Holundersaft (ohne Zucker)
Olivenöl
Salz

Gebratene Kalbsleber
200 g Kalbsleber
1 EL glattes Weizenmehl
1 EL Olivenöl
20 ml Palabirnenbrand
15 g Butter
etwas Saft einer Biozitrone
frische, gehackte Majoranblätter
Salz, Pfeffer

Birnenschaum
1 Birne (Pala- oder Williams-Christbirne)
200 g Wasser
80 g Feinkristallzucker
1 TL Speisestärke
20 ml Palabirnen- oder Williams-Christbrand
100 g Schlagobers (süße Sahne, Süßrahm)

Zubereitungszeit: 1 Stunde
Schwierigkeitsgrad: mittel

Zubereitung

Für den Nudelteig alle genannten Zutaten in eine Schüssel geben und zu einem geschmeidigen, festen Teig kneten. Den Teig in Frischhaltefolie einschlagen und 30 Minuten ruhen lassen. Den Teig in 2 gleich große Teile schneiden und mit der Hand ein wenig flach drücken. Mit einer Nudelmaschine oder einem Nudelholz 2–3 mm dick und ca. 25 cm lang auswalken und mithilfe eines scharfen Messers in 2–3 mm breite Tagliarini schneiden oder den Tagliariniaufsatz der Nudelmaschine verwenden. In kochendem Salzwasser bissfest kochen lassen (dauert 2–3 Minuten).

Die Kalbsleber enthäuten, in dünne Scheiben schneiden und mit Mehl bestäuben. In einer Pfanne das Öl erhitzen und die Leber kurz von allen Seiten anbraten, leicht mit Pfeffer würzen und mit Birnenbrand ablöschen. Mit ein wenig Zitronensaft, Majoran und Butter verfeinern. Erst kurz vor dem Servieren salzen.

Für den Birnenschaum die Birne schälen, vierteln, vom Kerngehäuse befreien und fein würfeln. Anschließend in einem kleinen Topf mit Wasser und Kristallzucker 10–15 Minuten weich kochen. Die Stärke mit etwas Wasser ansetzen und unter die Birnen rühren. Kurz aufkochen lassen, sodass das Kompott andickt. Mit einem Stabmixer pürieren. Birnenbrand und Schlagobers einrühren. Zum Schluss nochmals mit dem Stabmixer aufschäumen.

Die Tagliarini in etwas Butter schwenken und mit Salz nochmals abschmecken. Mit einer Fleischgabel die Nudeln aufrollen und auf die Mitte eines Tellers platzieren.

Die gebratenen Leberscheiben kreisförmig auf das Nudelnest legen, mit Birnenschaum überziehen und mit einer essbaren Blüte (z. B. Malve) garnieren.

SCHMÜCKINGS KOSTPROBE
Auch hier wieder eine klassische Kombination: Birne und Leber. Die Williams ist zart und filigran und verleiht der weichen Textur der Leber etwas Druck.

Hirschrücken in Lagreintrester-Kruste im Wirsingbett mit Kartoffelpaunzen

Zutaten für 4 Portionen

Lagreintrester-Kruste
30 g gemahlener Lagreintrester
20 ml im Eichenfass gereifter Grappa vom Lagrein
100 g Margarine
30 g Brotbrösel
1 Msp. gemahlene Wacholderbeeren
Kräutersalz

Hirschrücken
600 g Hirschrücken
Salz, Pfeffer
2 EL Öl
10 ml Grappa vom Lagrein
1 EL Butter
eventuell 1 frischer Thymianzweig

Kartoffelpaunzen
400 g mehlige Kartoffeln
2 mittelgroße Eidotter (Eigelb)
1 EL zerlassene Butter
120 g glattes Weizenmehl
1 Msp. geriebene Muskatnuss
Salz, Pfeffer
reichlich Backfett

Wirsinggemüse
200 g Wirsingkohl
1 EL Olivenöl
1 gepresste Knoblauchzehe
Kräutersalz

Zubereitungszeit: 1 Stunde
Schwierigkeitsgrad: schwer

Zubereitung

Für die Kruste den gemahlenen Lagreintrester im Grappa einweichen. Alle anderen Zutaten zufügen und mit einem Stabmixer aufmixen. Die Masse mithilfe von Frischhaltefolie zu einer Rolle formen und für ca. 1 Stunde kalt stellen.

Den Hirschrücken putzen und gegebenenfalls von Sehnen befreien. Mit Salz und Pfeffer würzen. In einer Pfanne das Öl erhitzen, das Fleisch von allen Seiten kräftig anbraten, herausnehmen und im vorgeheizten Backofen bei 160 °C ca. 8 Minuten braten. Den Bratensatz mit Grappa ablöschen und mit Butter verfeinern. Mit gehackten Thymianblättern, Salz und Pfeffer abschmecken.

Die Frischhaltefolie von der Lagreintrester-Kruste entfernen und die Kruste in ca. 4 mm dicke Scheiben schneiden. Den Hirschrücken aus dem Ofen nehmen und die Scheiben darauf gleichmäßig verteilen. Das Fleisch zusammen mit der Kruste nochmals in den Ofen geben und bei 200 °C Oberhitze für 3 Minuten erhitzen.

Für die Paunzen die Kartoffeln schälen, in Würfel schneiden und in Salzwasser etwa 20–30 Minuten weich kochen, abseihen und trocknen lassen. Die Kartoffeln durch eine Kartoffelpresse drücken, mit dem Eidotter und der Butter verkneten und erkalten lassen. Restliche Zutaten zur Kartoffelmasse geben und rasch zu einem Teig kneten. Aus dem Teig fingerdicke Stränge formen und in 1 1/2 cm lange Stücke schneiden. Zwischen beiden Handflächen zu 4–5 cm langen Nudeln rollen, die Enden sollten etwas dünner sein. Die Kartoffelnudeln in Salzwasser einmal aufkochen lassen, mit einer Schaumkelle herausnehmen und abtropfen lassen. In heißem Backfett schwimmend goldgelb backen.

Wirsing in feine Streifen schneiden. In einer Pfanne Olivenöl erhitzen, den Wirsing hinzufügen, würzen und 2 Minuten dünsten lassen. Knoblauch zugeben und nochmals kurz durchschwenken.

Den Wirsing am inneren Rand eines Tellers kreisförmig verteilen. Den Hirschrücken in 1/2 cm dicke Tranchen schneiden, in der Tellermitte platzieren und mit der einreduzierten Soße übergießen. Die Kartoffelpaunzen nebeneinander zum Fleisch legen. Eventuell mit einem Thymianzweig garnieren.

SCHMÜCKINGS KOSTPROBE

„Wer A sagt, ..." – ein wunderschönes Beispiel, dass nicht nur mit Schnaps, sondern auch mit den Trestern gekocht werden kann. Der Grappa dazu ist eigentlich nur noch das B.

Maroniravioli auf Quittenragout

Zutaten für 4 Portionen

Ravioliteig
200 g glattes Weizenmehl
100 g Hartweizengrieß
3 mittelgroße Eier
50 g Staubzucker (Puderzucker)
Salz

Maronifülle
250 g gekochte, geschälte Maroni (Esskastanien)
150 ml Milch
60 g Staubzucker
1 EL Maronibrand oder Rum (40 %)

Quittenragout
2 Quitten
200 ml Wasser
80 g Feinkristallzucker
2 Gewürznelken
1/2 Zimtstange
20 ml Quittenbrand

Schokoladesoße
100 ml Wasser
75 g Feinkristallzucker
50 g Zartbitterkuvertüre
25 g Kakaopulver
1 Msp. Speisestärke
10 ml Rum (40 %)

frische Minzeblätter und Staubzucker zum Garnieren

Zubereitungszeit: 1 1/2 Stunden
Schwierigkeitsgrad: mittel

Zubereitung

Für den Ravioliteig alle genannten Zutaten in eine Schüssel geben und zu einem geschmeidigen, festen Teig kneten, in Frischhaltefolie einschlagen und 30 Minuten ruhen lassen.

Für die Fülle die Maroni durch eine Kartoffelpresse oder Flotte Lotte drücken, mit Milch, Staubzucker und dem Maronibrand (oder Rum) abschmecken.

Den fertigen süßen Nudelteig in 2 gleich große Teile schneiden und mit der Hand ein wenig flach drücken. Mit einer Nudelmaschine oder einem Nudelholz ca. 1 mm dick, ca. 25 cm lang und etwa 10 cm breit ausrollen. Die zwei Teigbahnen auf eine leicht bemehlte Arbeitsfläche legen und mit einem Messer der Länge nach halbieren. Jeweils auf eine Hälfte des Teiges im Abstand von ca. 5 cm 1/2–1 TL Füllung geben und die zweite Hälfte darüberlegen. Die Zwischenräume andrücken und mit einem Ravioliausstecher, Teigrad oder Messer Ravioli ausschneiden. Eventuell mit den Gabelzinken nochmals die Ränder gut andrücken. In kochendem Salzwasser bissfest kochen (dauert 2–3 Minuten). Anschließend in Butter schwenken.

Für das Ragout die Quitten schälen, vom Kerngehäuse befreien und fein würfeln. Anschließend in einem kleinen Topf mit Wasser, Kristallzucker und Gewürzen aufkochen. Etwa 10 Minuten weich kochen und dann abseihen. Die Quittenwürfel in einer Pfanne leicht erhitzen und mit Quittenbrand ablöschen.

Für die Schokoladesoße Wasser mit dem Kristallzucker, der Kuvertüre und dem Kakaopulver zum Kochen bringen, ab und zu umrühren und 2 Minuten kochen lassen. Die Stärke mit etwas Wasser anrühren und zur Schokoladesoße geben, sodass sie etwas dicker wird. Abkühlen lassen und mit Rum verfeinern.

Quittenragout in der Mitte eines Tellers platzieren. Die Ravioli darum verteilen und mit der Schokoladesoße nach Belieben verzieren. Mit frischen Minzeblättern und Staubzucker garnieren.

SCHMÜCKINGS KOSTPROBE
Eine logische Kombination, gehören doch die Maroni wie auch die Quitten durch ihre erdigen und bodenständigen Aromen zu den Herbst assoziierenden Früchten der Natur.

österreich

Denise Amann – der Wirbelwind

Immer mehr entwickelt sich der Wiener Brunnenmarkt zum kulinarischen Hotspot. Dieser Trend ist nicht zuletzt auch der agilen Denise Amann zu verdanken, die mit ihrem Lokal „noi" eine Oase des Geschmacks geschaffen hat. Dafür, dass Denise auch einem breiteren Publikum bekannt ist, sorgen Auftritte im Fernsehen, großartige Kochbücher und diverse Beiträge in Printmedien.

Das Lokal ist mit 30 Plätzen überschaubar und rund um eine kleine Küche gebaut. Es strahlt sowohl Ruhe als auch frischen Geist und Innovation aus. Gekocht wird mit Leidenschaft und Hingabe, die Karte wechselt permanent und ist immer wieder für kulinarische Überraschungen gut.

Die Basis der Küche ist heimisch, allerdings sind weder mediterrane noch asiatische Einflüsse von der Hand zu weisen. Das Pastinaken-Haselnuss-Supperl mit kalt geräuchertem Seesaibling und Grammelcrostinos etwa oder die Chili-Bitterschokotorte à la „noi" sind Paradebeispiele für Denise' sichere Hand im Spiel mit Aromen und Texturen.

Abgesehen davon leistet das „noi"-Team wertvolle Arbeit zur Belebung und Erhaltung der Schnapskultur und stellt gerade ein umfangreiches Edelbrand- und Likörangebot in Bioqualität zusammen.

Werner Retter – der Hirschbirnenzampano

Werner Retter vom „Obsthof Retter" in Pöllauberg gehört zur Topliga der heimischen Biobrenner. Seit Jahren mischt der streitbare Steirer mit seinem eigenständigen und charaktervollen Stil sowohl die heimische Brenner- als auch die Gastroszene auf.

Der Reigen der Retter'schen Brände ist groß und reicht von Klassikern wie Marille, Williams und Vogelbeere hin zu sensationellen naturbelassenen Likören mit klingenden Namen wie „Alt Wiener Kaffee-Likör" oder „Apfel-Zimt-Likör". Wirklich berühmt hat ihn aber eine andere Frucht gemacht: die Hirschbirne.

Lediglich im steirischen Pöllautal gibt es noch relevante Bestände dieser alten Birnensorte, wo auf alten Streuobstwiesen zum Teil über 200 Jahre alte Birnbäume stehen. Ganz unscheinbar wirken sie, die olivgrünen, kleinen pummeligen Birnen, doch Werner Retter zeigt in seiner Destillerie in Pöllauberg, zu welch kulinarischen Glanzleistungen diese kleinen Dinger imstande sind. Die Brände sind reinsortig und kommen entweder klar, im Akazien- oder im Eschenfass gereift auf den Markt. Egal, wofür Sie sich entscheiden, der Genuss ist unbeschreiblich.

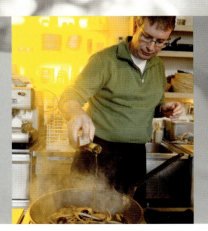

Nicht zu verstecken brauchen sich übrigens auch die Kräuterauszüge aus dem Hause Retter. Aus Fenchel, Melisse und Lavendel werden reinsortige Liköre hergestellt, die ihresgleichen suchen. Gerade der Lavendel hat die Gabe, in Windeseile die blühenden Hügel der Provence im Kopf entstehen zu lassen. Und mit einem kleinen Schluck davon bleibt man auch eine Zeit lang dort.

Die Edelbrände von Werner Retter sind keine Gaumenschmeichler. Der „Obsthof Retter" hat eine ganz eigene Linie und geht diesen Weg sehr konsequent. Die Destillate erfordern Lust auf Auseinandersetzung und eine gewisse Offenheit. Wenn man sich dieser Herausforderung allerdings stellt, wird man dafür mehr als belohnt.

Josef Farthofer – diesmal seine Zwetschke

Josef Farthofer wurde bereits im ersten Kapitel vorgestellt. Deshalb werden wir uns an dieser Stelle auch ganz speziell und in aller Kürze zwei ganz besonderen Produkten widmen.

Egal ob in Österreich, Deutschland, Japan, Russland oder Dubai: Die Reaktion, wenn jemand an einem Verkostungsglas mit der „Wilden Zwetschke" riecht, ist immer die gleiche – Verblüffung, Erstaunen, Freude, Wohlwollen, Lächeln. Das Aroma ist betörend und atemberaubend harmonisch. Das Aromenspektrum erinnert an Zwetschkenkuchen und Röster, ganz langsam beginnen sich weit unten im Bewusstsein Bilder zu bewegen und der Duft von Zwetschkeerfüllt dann den Raum. In diesem Sinn sind Josefs Brände kleine Zaubertränke und die „Wilde Zwetschke" vom Slibovitz so weit entfernt wie Aschbach von Dubai.

Eines der aromatischsten Produkte im Hause Farthofer ist der Haselnussgeist. Die Aromen springen förmlich aus dem Glas und zeigen intensive Nuss- und Nougatnoten. Unweigerlich erinnert das Bouquet an Schokolade-Nuss-Creme oder Neapolitaner-Schnitten. Wenn man doch nur reinbeißen könnt'?

Ziegenfrischkäsestrudel mit karamellisiertem Hirschbirn-Radicchio auf Topinamburcreme

Zutaten für 4 Portionen

Topinamburcreme
200 g Topinambur
2 EL Butter
1 in feine Würfel geschnittene Zwiebel
1 Schuss trockener Weißwein
100 ml Wasser
20 ml Schlagobers (süße Sahne, Süßrahm)
geriebene Muskatnuss, Pfeffer
Salz

Ziegenfrischkäsestrudel
40 g zimmerwarme Butter
1 mittelgroßes Ei
2 Eidotter (Eigelb)
300 g Ziegenfrischkäse
40 g glattes Weizenmehl
40 g Semmelbrösel (Paniermehl)
2 EL Milch
Salz, Pfeffer
200–250 g Strudelteig

Radicchio
2 Bund (ca. 500 g) Radicchio
3–4 EL Olivenöl
Salz, Pfeffer
1 EL Feinkristallzucker
100 ml Hirschbirnenbrand

Zubereitungszeit: 1 Stunde
Schwierigkeitsgrad: mittel

Zubereitung

Für die Creme Topinambur gut waschen und fein schneiden (nicht schälen). Butter zerlassen, Zwiebel glasig braten, Topinambur dazugeben und kurz mitbraten. Mit einem Schuss Weißwein ablöschen, leicht einreduzieren lassen und salzen. Wasser und Schlagobers dazugeben, zugedeckt weich kochen, mit einer Prise Muskatnuss und Pfeffer abschmecken, pürieren und eventuell salzen.

Für den Strudel alle genannten Zutaten (1 EL Milch zurückbehalten) zu einer homogenen Masse mischen, an einem kühlen Ort 20 Minuten ziehen lassen. Die Masse auf 4 Strudelblättervierecke à 20 x 20 cm verteilen, die Enden mit verquirltem Eidotter einpinseln und zu Strudeln einrollen. Den Dotterrest mit 1 EL Milch mischen und die Strudel damit einstreichen. Im vorgeheizten Backofen bei 180 °C 15–20 Minuten backen, herausnehmen und 2–3 Minuten rasten lassen.

Währenddessen den Radicchio ca. 20 Minuten in warmes Wasser einlegen. In einer Pfanne Olivenöl vorsichtig erhitzen. Den Radicchio gut trocken tupfen und in weiße sowie violette Bestandteile trennen. Weiße Teile in die Pfanne geben, 1 Minute anbraten, salzen und pfeffern, Kristallzucker darüberstreuen, gut durchrühren und warten, bis der Zucker karamellisiert. Dann mit Hirschbirnenbrand ablöschen. Sogleich die violetten Teile des Radicchios dazugeben und kurz mitbraten.

Karamellisierten Hirschbirn-Radicchio auf der Topinamburcreme anrichten und die Strudel darauf platzieren.

Tipp
Statt Radicchio können Sie auch Chicorée verwenden.

SCHMÜCKINGS KOSTPROBE
Der Hirschbirnenbrand erweist sich durch seine Vielschichtigkeit als idealer Begleiter für viele Gerichte – von süß bis pikant.

Im Fenchellikör-Gemüsefond pochierter Flusswels mit souffliertem Orangenbrioche

Zutaten für 4 Portionen

4 Welsfilets à ca. 130 g

Orangenbrioche
400 g Brioche (Striezel oder Zopfbrot)
4 mittelgroße Eier
150 ml Milch
Salz, geriebene Muskatnuss
abgeriebene Schale einer Bioorange

Fenchelfond
1/2 Karotte
1/2 Gelbe Rübe
50 g Knollen- oder Stangensellerie
1/2 Fenchelknolle
2 Knoblauchzehen
2 EL Butter oder Olivenöl
1 Schuss trockener Weißwein
100 ml Fenchellikör
1 EL Zitronensaft
Salz

Zubereitungszeit: 40 Minuten
Schwierigkeitsgrad: mittel

Zubereitung

Brioche in feine Würfel schneiden. Eier trennen. Eidotter (Eigelb) mit Milch, Salz, Muskatnuss sowie Orangenschale mischen und mit den Briochewürfeln verrühren. Eiklar (Eiweiß) steif schlagen, unter die Briochemasse heben und in gebutterte Muffinformen oder ofenfeste Souffléförmchen füllen. Im vorgeheizten Backofen bei 200 °C 15–20 Minuten backen, bis Orangenbrioches goldgelb und fest sind.

Für den Fond in der Zwischenzeit Karotte, Gelbe Rübe, Sellerie sowie Fenchel fein schneiden. Knoblauchzehen schälen und in feine Scheibchen schneiden. Butter oder Olivenöl in einer Pfanne erhitzen, das Gemüse darin anbraten, den Knoblauch dazugeben, mit einem Schuss Weißwein, Fenchellikör sowie Zitronensaft ablöschen und aufkochen lassen.

Die Welsfilets einlegen, salzen, zudecken und auf unterster Stufe (70–80 °C) gar ziehen lassen. Den Fisch samt Sud und Gemüse in tiefe Teller geben und die Orangenbrioches dazusetzen.

SCHMÜCKINGS KOSTPROBE
Die frischherbe Note des Fenchellikörs macht das Wurzelgemüse zu einem spannenden Geschmacksträger.

Rehfilet mit b'soffenen Dörrzwetschken im Speckmantel und Haselnuss-Pastinaken-Püree

Zutaten für 4 Portionen

B'soffene Dörrzwetschken
16 Dörrzwetschken
100 ml Wasser
100 ml Wildzwetschkenbrand
16 dünne Scheiben Hamburger Speck
(geräucherter Bauchspeck)

Haselnuss-Pastinaken-Püree
1/2 Sellerieknolle
4 große Pastinaken
3–4 EL Butter
1 Schuss trockener Weißwein
300 ml Milch
3–4 EL gehackte, geröstete Haselnüsse

Rehfilets
4 Rehfilets à 150 g
Salz, Pfeffer, Dijonsenf
gehackte Rosmarinnadeln
Öl zum Braten

Zubereitungszeit: 45 Minuten
Schwierigkeitsgrad: mittel

Zubereitung

Dörrzwetschken in einer Mischung aus Wasser und Wildzwetschkenbrand einlegen und 2–3 Stunden durchziehen lassen. In jeweils eine dünne Scheibe Hamburger Speck wickeln.

Sellerieknolle und Pastinaken schälen, fein würfeln, in Butter leicht anbraten, mit einem Schuss Weißwein ablöschen und ein bisschen einkochen lassen. Anschließend Milch und eine gute Prise Salz dazugeben und zugedeckt weich schmoren. Mit Haselnüssen pürieren, eventuell noch etwas Milch dazugeben, um die gewünschte Konsistenz zu erreichen.

Rehfilets mit Dijonsenf einreiben, pfeffern, etwas gehackte Rosmarinnadeln darübergeben und bei Raumtemperatur 30 Minuten ziehen lassen.

In einer Pfanne etwas Öl erhitzen, die Filets von jeder Seite braun anbraten und anschließend im vorgeheizten Backofen bei 170 °C für 7–8 Minuten weiterbraten. Herausnehmen und 2–3 Minuten ruhen lassen. Nun die Zwetschken im Speckmantel in einer Pfanne anbraten. Filets aufschneiden, auf dem Haselnuss-Pastinaken-Püree anrichten und mit den heißen Speckzwetschken servieren.

SCHMÜCKINGS KOSTPROBE
Zweimal Wild: einmal Zwetschke, einmal Reh. Das dezent süßliche Aroma der „Wilden Zwetschke" harmoniert unglaublich gut mit dem würzigen Speck und dem milden Reh.
Ein tolles Genusserlebnis!

Zartbittercake mit Haselnussgeistfahne und Quitten-Mostello-Sorbet

Zutaten für 4 Portionen

Quitten-Mostello-Sorbet
4 Quitten
500 ml Wasser
2 EL Feinkristallzucker
Saft einer Biozitrone nach Belieben
150 ml Mostello
2 EL Honig

Zartbittercake
120 ml Haselnussgeist
170 g Butter
etwas Mehl zum Ausfetten der Förmchen
150 g dunkle Schokolade
(70 % Kakaogehalt)
3 mittelgroße Eier
3 Eidotter (Eigelb)
60 g Feinkristallzucker
30 g glattes Weizenmehl
Haselnussgeist nach Belieben

Zubereitungszeit: 50 Minuten
plus 12 Stunden zum Rasten der Quitten
und 4 Stunden für das Tiefkühlen
Schwierigkeitsgrad: mittel

Zubereitung

Für das Sorbet Quitten schälen, entkernen, in Spalten schneiden, in Zitronen-Zucker-Wasser weich köcheln und im Sud abkühlen lassen. Abkühlen und am besten 12 Stunden rasten lassen. Dann mit Mostello, Honig und etwas Sud fein pürieren und die Masse in einer Eismaschine gefrieren. Wenn Sie keine Eismaschine haben, geben Sie die Masse einfach in den Tiefkühler und rühren 2–3 Stunden lang alle 15–20 Minuten mit einem Schneebesen kräftig durch.

Den Backofen auf 170 °C Ober- und Unterhitze vorheizen und eine Form, die groß genug für die Kuchenförmchen oder Tassen ist, etwa 2 cm hoch mit Wasser füllen und im Ofen erwärmen.

Für die Zartbittercakes Dariolförmchen oder Tassen mit etwas weicher Butter ausstreichen und mit Mehl bestauben. Schokolade in Stücke brechen und mit 150 g Butter langsam und unter ständigem Rühren vorsichtig im Topf schmelzen. Eier und Eidotter mit Kristallzucker ganz hell schaumig schlagen. Mehl sowie die etwas überkühlte Schoko-Butter-Masse dazugeben und sachte vermengen. In die Förmchen füllen, in die Form im Ofen stellen und ungefähr 15 Minuten backen.

Währenddessen Haselnussgeist in eine Sprühflasche füllen. Dariolförmchen herausnehmen, 4–5 Minuten abkühlen lassen und mithilfe eines Messers vom Rand lösen und stürzen. Sofort mit Haselnussgeist nach Geschmack sowie gewünschter guter Laune besprühen und mit dem Quittensorbet servieren.

Tipp
Die Masse für die Zartbittercakes können Sie im Kühlschrank problemlos 2–3 Tage aufbewahren.

SCHMÜCKINGS KOSTPROBE
Durch seine rauchig-rustikale Ader hat der Mostello im filigran-ziselierten Quittensorbet einen perfekten Widerpart gefunden. Und der hocharomatische Haselnussgeist passt perfekt zur Schokolade und verleiht ihr Flügel.

Jürgen Margetich – das kulinarische Multitalent

Wien 1, Petersplatz 1 – eine angesagtere Adresse wird in Wien wohl schwer zu finden sein. Dabei ist das „Snooze" gar nicht so hip und schick wie der Name vielleicht vermuten ließe. Vielmehr findet der Ruhe suchende Gast einen Ort, der die Möglichkeit bietet, aus der mittäglichen Hektik des schnellen Essens auszubrechen. Das Wort „snooze" als Bezeichnung für die Schlummertaste elektronischer Wecker ist hinlänglich bekannt. Wer sie betätigt, möchte sich noch ein paar Momente der Stille und Ruhe gönnen. Das geht auch im „Snooze", obwohl es mitten im Geschehen liegt.

Die Zutaten der Speisen kommen von Bauern aus dem Wiener Umfeld, ein wesentlicher Fokus der Karte sind zweifelsohne die Salate. Aber auch kreative Burger und Steaks gehören zur „Snooze"-Auswahl. Einzigartig für ein Speiselokal dieses Formats dürften auch die Liveevents sein, die drei- bis viermal pro Woche stattfinden. Die bevorzugte Musikrichtung geht mit der Philosophie des Loslassens und der Besinnung einher: Smooth Jazz und Soul dominieren das Programm.

Jürgen Margetich ist ein kulinarisches Multitalent, der neben dem „Snooze" auch noch ein kreatives Consulting-Unternehmen führt, in dem in verschiedenen Formaten gekocht und gleichzeitig völlig andere Inhalte wie Projektmanagement, Teamentwicklung oder Führungsqualitäten trainiert werden.

Josef Hochmair – der Grandseigneur

Beim „Best of BIO Spirits Award" 2009 zeigte Josef Hochmair seine ganze Klasse. Auch wenn es diesmal eher die exotischen Edelbrände wie Karotte oder Ingwer waren, die mit Goldmedaillen prämiert wurden. Herausragende Qualität wurde jedoch auch seinen anderen Produkten durch hohe Punktezahlen bestätigt. Dabei ist das nicht einmal eine Überraschung. Hochmairs Schnäpse sind seit Jahren hochdekoriert und mehrmals schaffte es der kreative Oberösterreicher sogar aufs Siegerpodest der „Besten Brenner Österreichs".

Unmittelbar an die Brennerei in Wallern bei Wels angeschlossen sind Seminarräume, die der Verkostung der Brände und Liköre dienen, in denen Karoline Hochhauser aber auch Kochkurse und Vorträge inklusive Lehrwanderungen zum Thema Wildkräuter anbietet. In einem kleinen Hofladen werden neben den geistigen Produkten auch Essige und Fruchtsäfte aus eigener Produktion angeboten. Sogar Bio-Chocolatier Sepp Zotter ist von der Qualität der Hochmair'schen Brände überzeugt und stellt eigene Schokoladekreationen mit diesen Edelbränden her.

Das Spirituosenangebot des „Malznerhofs" ist erstaunlich. Im Moment scheint es ja den Trend unter den Brennern zu geben, das Ziel zu erreichen, im Leben alles destilliert zu haben, was destillierbar ist – mit unterschiedlichem Erfolg. Bei Josef Hochmair bedeutet das allerdings, so lange zu tüfteln, bis auch ein ausgezeichneter Single Malt Whisky im Regal steht. Ein Rum etwa oder eben der bereits erwähnte Ingwerbrand. Der Whisky ist angenehm rauchig, hat aber eine klare Getreidenote, untermalt von einem dezenten salzigen Grundton. Am ehesten erinnert er an einen gefälligen, nicht allzu torfigen Speyside Whisky. Die Liköre, die das Angebot abrunden, sind vom Alkoholgrad her eher knapp bemessen (20 %). Mit glasklaren Fruchtaromen, egal ob bei Blutorange, Himbeere oder Walnuss, setzen sie sich spielend an die Spitze der heimischen Qualitätshierarchie.

Serra das Almas – der Geist Brasiliens

Cachaça gilt als DAS Nationalgetränk der Brasilianer. Mengenmäßig ist er eine der am meisten produzierten Spirituosen weltweit, jedoch wird nur wenig davon exportiert. Bei uns ist wahrscheinlich weniger der Cachaça selbst, als vielmehr der Caipirinha bekannt, der Cocktail mit Limetten, Zucker, Eis – und eben viel Cachaça.

Auf der „Fazenda Vaccaro" wird der „Serra das Almas" nicht nur biologisch, sondern auch nach den Kriterien des fairen Handels produziert. Im Gegensatz zum klassischen Rum wird Cachaça allerdings nicht aus Melasse destilliert. Vielmehr wird der Saft des grünen Zuckerrohrs verwendet, der sofort vergoren und danach gebrannt wird. Das Destillat ist dadurch um einiges fruchtiger und frischer, was es zur perfekten Basis für sommerliche Drinks oder entsprechende Desserts macht.

Das Beste zum Schluss – Ollmanns „Aronia"

Ronald Höllwarth von der „Destillerie Ollmann" ist uns bereits im ersten Kapitel begegnet. Zwei Produkte, die an dieser Stelle noch eine Erwähnung wert sind, seien hier kurz vorgestellt. Zum einen der „Limon", ein biologischer Zitronengeist, der sich als unglaublich vielseitig beim Einsatz in der Bar bewährt hat. Zum anderen die „Aronia", auch Apfelbeere oder – wie Ronald Höllwarth selber gerne sagt – die „bessere Vogelbeere". Der Brand ist enorm kompakt und dicht. Das Aroma präsentiert sich laut, selbstbewusst und zeigt klare Marzipantöne. Durch diese enorme Intensität empfiehlt sich der Aroniabrand als deftige Würze für ebensolche Fleischgerichte. Mit der maximalen Anzahl von 20 Punkten beim „Best of BIO Spirits Award" 2009 gilt der edle Tropfen übrigens auch als bester Bioschnaps der Welt.

Warmer Pak-Choi-Salat mit Mango-Ingwer-Schnapsdressing, geriebenem Ziegenkäse und gerösteten Sonnenblumenkernen

Zutaten für 4 Portionen

ca. 16 junge Pak-Choi
etwas Traubenkernöl
400 ml Mangomus
Salz
30 ml Ingwergeist
130 ml Zitronengeist
Sonnenblumenkerne
200 g Ziegenkäse in Salzlake
Ahornsirup

Zubereitungszeit: 15 Minuten
Schwierigkeitsgrad: leicht

Zubereitung

Die einzelnen Pak-Choi-Blätter lösen und waschen. In einer Pfanne etwas Traubenkernöl erhitzen, den gewaschenen, abgetropften Pak-Choi darin kurz anbraten und bei geringer Hitze zugedeckt dämpfen. So bleiben die Stiele bissfest und die Blattenden sind saftig und dunkelgrün.

In einem verschließbaren Glas Mangomus, etwas Salz mit Ingwer- und Zitronengeist gut vermischen. In einer Pfanne die Sonnenblumenkerne ohne Fett anrösten.

Den Ziegenkäse grob in die Teller reiben. Pak-Choi in einer Rührschüssel mit dem aromatisierten Mangomus und etwas Ahornsirup marinieren, dann Blätter herausnehmen und auf den Tellern anrichten. Das abgeschmeckte Mangodressing darübergießen und mit den Sonnenblumenkernen bestreuen.

Tipp
Pak-Choi lässt sich wunderbar braten, blanchieren oder auch überbacken.

SCHMÜCKINGS KOSTPROBE
Die Zitrone spielt hier ihre besonderen Stärken aus. Sie ist fleischig und verleiht dem Gericht Frische und einen Hauch von Süden.

Schweinslungenbraten auf Orangen-Aronia-Confit mit Tagliatelle

Zutaten für 4 Portionen

500 g Schweinslungenbraten

Confit
5–6 Bioorangen
1 Tomate
40 g Feinkristallzucker
1 Schuss Aroniabrand
Olivenöl, Pfeffer, Salz

200 g Tagliatelle

Zubereitungszeit: 2 Stunden
Schwierigkeitsgrad: leicht

Zubereitung

Für das Confit die Orangen schälen und in grobe Stücke schneiden oder in Spalten teilen. Die Tomate in Spalten schneiden. Zusammen in einer Kasserolle bei mittlerer Hitze einkochen, nach und nach Kristallzucker zugeben. Ungefähr 1–1 1/2 Stunden bei geringer Hitze einkochen lassen.

Den Lungenbraten im Ganzen in einer geeigneten Pfanne mit etwas Öl rundherum scharf anbraten. Frischhaltefolie mit grob gemahlenem Pfeffer bestreuen, Lungenbraten in der Folie mit dem Pfeffer einwickeln und rasten lassen. Den Lungenbraten aus der Folie auswickeln, auf einem Backblech im Backofen bei 180 °C Umluft 10–12 Minuten fertig garen. Das Fleisch sollte innen zartrosa sein.

Das Confit vor dem Servieren kurz mit Aroniabrand abschmecken und für 3–5 Minuten leicht köcheln, so bleibt der Geschmack erhalten und der Alkohol verflüchtigt sich. Kurz abkühlen lassen.

Das Orangen-Aronia-Confit wie Soße in einen tiefen Teller geben. Die gekochten und gesalzenen Tagliatelle mit einer Gabel zu einem Nest drehen und in der Mitte des Confits platzieren. Den aufgeschnittenen Lungenbraten etwas salzen und auf die Pasta legen.

Tipp
Das Orangen-Aronia-Confit kann je nach Geschmack eher flüssig und damit säuerlicher oder mit mehr Zucker bzw. Honig und länger eingekocht wie eine Marmelade zubereitet werden.

SCHMÜCKINGS KOSTPROBE
Ein wahres Festival der Aromen – aber Vorsicht bei der Dosierung. Ein paar Tropfen des „Aronia" reichen, um dem Spiegel des Gerichts eine völlig neue Richtung zu geben.

Variation zum Lungauer Rahmkoch

Zutaten für 5 Formen
(12,5 x 3,5 x 3,5 cm)

16 getrocknete Marillen
etwas Wasser
15 ml Ingwergeist
45 ml Marillenbrand
250 g Butter
250 g griffiges Weizenmehl
400–500 ml Schlagobers
(süße Sahne, Süßrahm)
200–250 g Feinkristallzucker

Zubereitungszeit: 1 Stunde
plus 6–8 Stunden fürs Kühlstellen
Schwierigkeitsgrad: mittel

SCHMÜCKINGS KOSTPROBE
Der Marillenbrand ist dicht, sehr fruchtig und kompakt. Eine geradezu ideale Ergänzung für dieses nicht minder dichte Dessert. Der Ingwer liefert dazu die notwendige Schärfe. Zudem transferieren die beiden Brände diese tolle alte Rezeptur in die Gegenwart und balancieren die Schwere gelassen aus.

Zubereitung

12 getrocknete Marillen in kleine Würfel, die restlichen in dünne Scheiben zum Anrichten schneiden. Ganz wenig Wasser in einer Stielsauteuse erwärmen und die Marillenwürfel einrühren. Ingwergeist und Marillenbrand in einem Glas vermischen, 40 ml der Mischung zu den Marillen in die Sauteuse geben, vermischen und bei geschlossenem Deckel ziehen lassen. Die Marillenscheiben mit dem restlichen Brand in einem verschließbaren Glas einlegen.

Die Butter in der Pfanne zerlassen. Das Mehl in eine Rührschüssel geben, nach und nach Obers zugeben und mit der Hand abbröseln, sodass kleine Klümpchen entstehen (nicht kneten). Das verbröselte Obers in die zerlassene Butter geben und mithilfe eines Schneebesens verrühren, bis die Masse cremig wird.

Kristallzucker unterrühren und die Masse etwa 1 Stunde bei geringer Hitze immer wieder umrühren. Zum Schluss die Marillenwürfel in die Masse einrühren. Die fertige Creme in die bereitgestellten Backformen füllen und glatt streichen. Im Kühlschrank 6–8 Stunden kühl stellen.

Die ausgekühlten Formen vor dem Stürzen kurz in heißes Wasser tauchen, damit sich das Rahmkoch leichter löst. Mit den eingelegten Marillenscheiben belegen und beispielsweise zum Nachmittagskaffee servieren.

Tipp
Wer es gerne feiner mag, sollte etwas mehr Obers verwenden, dann wird die Masse marzipanartig. Deswegen spricht man bei dem Rahmkoch auch vom Salzburger bzw. Lungauer Marzipan.

Caipilimon

Zutaten pro Glas

3 Biolimetten
20 ml Cachaça
20 ml Limonbrand
1 EL brauner Zucker
1 Spritzer Ahornsirup
Crushed Ice oder Eiswürfel
Biosekt zum Aufgießen

Zubereitungszeit: 25 Minuten
Schwierigkeitsgrad: leicht

Zubereitung

Limetten gründlich waschen und unbedingt auf dem Schneidbrett rollen. Dann achteln und jeweils 2–3 Stück in ein hohes Longdrinkglas geben. Die restlichen Limettenstücke am besten mit einem Muddler (Stößel) aus Hartplastik oder ersatzweise mithilfe einer Schnapsflasche sanft zerdrücken. Cachaça und Limon dazugeben und 15 Minuten ruhen lassen.

Zucker und Ahornsirup über die Limettenstücke im Longdrinkglas geben und das Glas zu etwa 2/3 mit Crushed Ice oder Eiswürfeln auffüllen. Danach die Alkohol-Saft-Frucht-Mischung vorsichtig ins Glas abseihen und mit einem Schuss Biosekt auffüllen. Aber nicht zu viel, es geht dabei nur um die Textur. Zum Schluss mit einem Limettenstück garnieren.

SCHMÜCKINGS KOSTPROBE

Limon, Limetten, Cachaça und Eis – was sonst? Dem Cachaça-Klassiker „Caipirinha" haben wir Zitronengeist und Ahornsirup zur Seite gestellt. Dadurch wird er zwar eine Spur kräftiger, aber auch deutlich aromatischer.

SNOOZE

Bezugsquellen

Die Brenner

Bio-Hofbrennerei Bergerhof
siehe Bio-Vitalhotel theiner's garten

Bioweingut Sœllner
Hauptstraße 34, A-3482 Gösing
www.weingut-soellner.at

Destillerie Dwersteg
Altenberger Straße 38, D-48565 Steinfurt
www.dwersteg.de

Edeldestillerie Mag. Josef V. Farthofer
Neen 1, A-3361 Aschbach Markt
www.edelschnaps.at

Fazenda Vaccaro
Herbert Rugel
Augsburger Str. 20, D-86470 Thannhausen
herbert.rugel@t-online.de (Lieferung innerhalb Deutschlands)
www.organicbrands.at (Lieferung innerhalb Österreichs)

Josef Hochmair – Malznerhof
Mauer 2, A-4702 Wallern
www.malznerhof.at

Obsthof Brennerei Retter
Pöllauberg 235, A-8225 Pöllauberg
www.obsthof-retter.at

Spezialitätenbrennerei Humbel
Baumgartenstraße 12, CH-5608 Stetten
www.humbel.ch

Weingut Mehofer – Neudeggerhof
A-3471 Neudegg 14
www.mehofer.at

Die Restaurants

Biohotel Panorama
Staatsstraße 5, I-39024 Mals
www.hotel-panorama-mals.it

Bio-Vitalhotel theiner's garten
Andreas-Hofer-Straße 1, I-39010 Gargazon
www.theinersgarten.it

Fritz Salomon – Gut Oberstockstall
Gut Oberstockstall 1, A-3470 Kirchberg am Wagram
www.gutoberstockstall.at

Naturhotel Grafenast
Sehnsucht Grafenast, A-6130 Hochpillberg
www.grafenast.at

noi
Payergasse 12, A-1160 Wien
www.restaurantnoi.net

Snooze
Petersplatz 1, A-1010 Wien
www.snooze-vienna.at

Vreni Giger's Jägerhof
Brühlbleichestraße 11, CH-9000 St. Gallen
www.jaegerhof.ch

willmannkochen
Komödiengasse 3, A-1020 Wien
www.willmannkochen.at

Rezepte von A–Z

Caipilimon	125
Egli, gebratener, auf Fenchel-Zitronen-Gemüse mit Cachaça	74
Fischfilet in der Whiskykruste auf Mangold	60
Flugentenbrust auf Weichselrahm mit Brioche-Serviettenknödel	44
Flusswels, im Fenchellikör-Gemüsefond pochierter, mit souffliertem Orangenbrioche	109
Gnocchi mit Steinpilzen und Sprossenkohlblättern	43
Gorgonzolaravioli und pikante Birnen	77
Hirschrücken in Lagreintrester-Kruste im Wirsingbett mit Kartoffelpaunzen	96
Holunder-Tagliarini mit gebratener Kalbsleber an Birnenschaum	95
Fondue moitié-moitié s. Schweizer Käsefondue	
Kürbisnocken mit Saiblingsfilet in Kräutern gebraten, an Speckschaum mit grünen Bohnen und Oliven	91
Maroniravioli auf Quittenragout	99
Mascarponecreme mit flambierten Himbeeren	63
Mostello-Parfait mit Erdbeersalat	28
Ouzo-Risotto	59
Pak-Choi-Salat, warmer, mit Mango-Ingwer-Schnapsdressing, geriebenem Ziegenkäse und gerösteten Sonnenblumenkernen	118
Pralinen, hausgemachte	31

Rahmschmarrn mit glacierten Birnen	27
Rehfilet mit b'soffenen Dörrzwetschken im Speckmantel und Haselnuss-Pastinaken-Püree	110
Rehmedaillons, zartrosa gebratene, mit Wacholdersoße und Schupfnudeln	24
Rehrücken, gebratener, an Wacholderrahm auf Steinpilzen	78
Schaumsuppe von der Sellerieknolle mit Aroma vom Zwetschkendestillat, Carpaccio vom Rehrücken und Walnusskrokant	88
Schoggischnitte mit Eierlikör und Eierliköreis	81
Schweinslungenbraten auf Orangen-Aronia-Confit mit Tagliatelle	121
Schweizer Käsefondue, original	70
Topfen-Pfirsich-Omelette, flaumiges	47
Tomatenconsommé mit Gin	56
Törtchen, geeistes, von der Bourbonvanille mit Gorgonzola in grünem Kräuter-Apfel-Tee mit Lavendel	92
Variation zum Lungauer Rahmkoch	122
Zartbittercake mit Haselnussgeistfahne und Quitten-Mostello-Sorbet	113
Ziegenfrischkäse, fruchtig marinierter	40
Ziegenfrischkäsestrudel mit karamellisiertem Hirschbirn-Radicchio auf Topinamburcreme	106

Bildquellen

Umschlag und Inhalt: Andrea Knura

Impressum

© 2010 Österreichischer Agrarverlag
Druck- und Verlagsges. m. b. H. Nfg. KG
Sturzgasse 1a, A-1141 Wien
E-Mail: buch@avbuch.at, Internet: www.avbuch.at

Deutsche Nationalbibliothek – CIP-Einheitsaufnahme
Die Deutsche Nationalbibliothek verzeichnet diese Publikation in der Deutschen Nationalbibliografie;
detaillierte bibliografische Daten sind im Internet über http://dnb.ddb.de abrufbar.

Das Werk ist einschließlich aller seiner Teile urheberrechtlich geschützt. Jede Verwertung außerhalb der engen Grenzen
des Urheberrechtsgesetzes ist ohne Zustimmung des Verlags unzulässig und strafbar. Das gilt insbesondere für Vervielfältigungen,
Übersetzungen, Mikroverfilmungen und die Einspeicherung und Verarbeitung in elektronischen Systemen.

Für die Richtigkeit der Angaben wird trotz sorgfältiger Recherche keine Haftung übernommen.

Projektleitung: Brigitte Millan-Ruiz, avBUCH
Redaktion: Jürgen Ehrmann, media-solutions.at
Umschlag, Layout, Satz, Bildreproduktion: Ravenstein + Partner, Verden

Druck und Bindung: Westermann Druck, Zwickau

Printed in Germany

ISBN: 978-3-7040-2392-6